정보 올림피아드 비전서 시리즈 1

# C++ 프로그래밍

# C++ 프로그래밍

제 1판 4쇄 | 2016년 3월 28일

**지은이** | 하성욱
**발행인** | 이기봉
**펴낸곳** | 도서출판 좋은땅
**주소** | 경기도 고양시 덕양구 동산동 376 삼송테크노밸리 B동 442호
**편집문의** | 02-374-8616 구입문의 | 0505-337-7800
**홈페이지** | www.g-world.co.kr
**등록번호** | 제 8-301 호

ISBN 978-89-93368-22-2

● 잘못된 책은 구입한 곳에서 바꿔드립니다.

정가 14,000 원

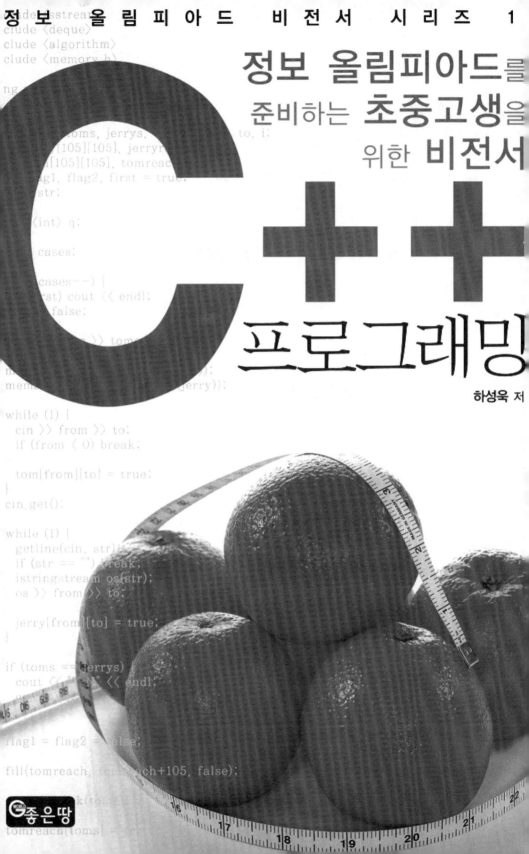

# CONTENTS

## Part7 출력하기 … 63

# Part 01 정보 올림피아드와 C++

정보 올림피아드를 공부하는데 있어서, C++ 은 수학을 공부하기 위한 국어와 같다. 문제를 읽으려면 국어 실력이 필요하듯 정보 올림피아드 문제를 풀기 위해서는 프로그래밍을 하기 위한 컴퓨터 언어가 한가지 필요하다.

또한, 정보 올림피아드 분야에서는 수학의 공식에 해당하는 알고리즘도 요구된다. C++ 프로그래밍 강좌가 마무리 되는 대로 알고리즘에 대해서 공부할 예정이다. C++ 은 STL 까지 추가되어 굉장히 방대한 양을 이룬다. 제대로 C++ 을 배우려면 기본 문법 이외에 클래스, STL 까지 모두 배워야 한다. 그러나, 본 교재에서는 다음과 같은 원칙을 정하기로 한다.

1. 정보 올림피아드에 필요한 최소한의 문법만 공부한다.

2. 실전에 사용할 수 있도록 실전 문제를 풀면서 필요한 프로그래밍 기법이나 알고리즘, 또는 STL 문법 등을 교재에서 필요한 부분은 언제든지 추가한다.


## 1. 필요한 문법과 불필요한 문법은 무엇일까?

goto 라는 명령어는 프로그램에서 어느 부분으로 무조건 가도록 하는 문장이다. 아주 오래 전부터 구조적 프로그래밍이라면서 goto 문은 C++ 에 존재하지만 되도록 사용하지 않도록 해왔으며, 대부분의 C++ 책에서도 언급하지 않고 있다.

따라서, 클래스, 포인터와 같은 정보 올림피아드 문제를 푸는데 있어서 몰라도 되는 것들은 교재에서 빼도록 할 것이다. 정보올림피아드에서는 포인터를 사용해서 구현할 수 있는 것은 모두 배열로 구현 가능하다. 포인터의 개념은 실제 메모리를 연관하여 자세히 공부하면 컴퓨터 구조와 변수와의 관계를 이해하는데 도움은 되겠지만, 몰라도 별 상관없는 개념이라 빼도록 하겠다. 이전에는 문자열 처리 때문에 포인터를 일정 부분 이해해야 하였으나, string 이라는 아주 효율적인 문자열을 위한 데이터형을 사용하면 되기에 포인터에 관련된 개념은 넘어가도록 한다.

클래스 역시 멤버 변수를 private 에 넣을 것인지, public 으로 만들 것인지 상속을 위해서 속성을 private 로 할 것인지 protected 로 할 것인지 등을 고려하는데 시간을 보내느니 제대로된 로직(logic: 논리)을 구현하는데 시간을 활용하는 것이 훨씬 효율적이다. 이와 같이 정보 올림피아드에 필요한 것들만 간추려 강좌를 진행할 것이며, 추후에 강좌 이외의 내용으로 문제를 해결해야 되는 경우 보완해 나갈 것이다.

현재 페이지에 나온 용어 중 이해되지 않는 것들은 모르고 넘어가도 상관없는 것들이다. 추후에 나오지도 않을 것이며, 불필요한 것들이다.

# Part 02 정보 올림피아드 기출문제 사이트

## 1. 정보 올림피아드 기출 문제 사이트

이 교재에서는 C++ 문법을 차례대로 나열하며 공부를 해가는 방법보다는 실제 문제에 필요한 실전 지식 위주로 강좌를 이끌어 가겠다. 우선 기출 문제를 얻기 위해 각 해당 사이트들의 가입부터 해보자.

어느 분야의 올림피아드에서도 기출 문제 위주로 또는 비슷한 유형의 모의고사를 대상으로 준비하게 된다. 정보 올림피아드의 기출 문제는 과년도 한국 정보 올림피아드 문제, USACO(미국 컴퓨팅 올림피아드: USA Computing Olympiad) 트레이닝 사이트, Valladolid 온라인 채점 사이트, 중국 온라인 채점 사이트 문제들로 다양한 문제들을 접할 수 있다.

중국 온라인 채점 사이트들은 PKU, ZJU 등 몇 군데 있는데 서버 과부하나 여러 문제로 인해서 잘 끊기는 편이라 대체적으로 접속이 온전한 사이트들인 KOI(한국 정보 올림피아드), USACO, UVA(Valladolid 온라인 채점 사이트)를 대상으로 강좌를 하겠다.

## 2. 회원 가입하기

3 가지 사이트를 사용하기 위해서는 가입을 필수적으로 해야 문제를 보거나 채점을 해볼 수 있다. KOI 사이트는 www.kado.or.kr/koi 로 접속해서 가입하면 되겠다. 한글 사이트이므로 기존 포털 사이트나 게임 사이트의 회원 가입과 같다.

## 3. USACO 트레이닝 사이트

USACO 사이트는 ace.delos.com/usacogate 로 일단 접속한다.

그림에서 엷은 회색 상자로 체크된 부분인 "Register here for a username/password" 를
선택한다.

다음 페이지에서 상단에 4 가지를 넣도록 한다.

Email address : 자신의 메일 주소를 정확히 넣도록 한다. 아이디와 패스워드가
선정되어 메일로 통보된다.

First name : 성을 뺀 이름을 영문으로 공백없이 넣도록 한다.

Last name : 성만 따로 영문으로 넣는다.

Nickname/handle : 여기에 넣는 닉네임을 기준으로 아이디가 설정되어서 메일로
날라온다.

위 내용을 기록하고 Submit 버튼을 눌리면 다음 완료 화면이 나온다.

완료 화면이 나오지 않는다면 다시 입력 내용이 틀린 곳이 있는지 확인하거나, 이미 아이디가 있었는지 확인한다. 방금 e-mail 주소로 입력한 메일에 아이디와 패스워드가 전송되어 있을 것이다. 아이디는 바꿀 수 없으며, 패스워드는 접속하여 변경할 수 있다. USACO 사이트에 로그인 하면 우선 나라를 입력 받는다.

KOR Korea, Republic Of 를 선택하면 되겠다. 물론 다른 나라로 해도 상관없지만, 현재 풀고 있는 나라 인원에 우리나라 사람들이 몇 명 같이 보이면 왠지 모른 애국심이 나오기도 한다. 다음으로 졸업할 년도를 입력 받는다.

보통 이 사이트는 미국 고등학생들이 주로 사용하므로, 현재 년도 + 1 ~ 3 사이에서 적당히 넣도록 한다.

이 페이지가 나오면 비로소 문제를 풀 수 있는 단계가 되었다. 이 페이지 상단에 보면 Change Password 를 선택해서 비밀번호를 변경할 수 있다. 이제 USACO 회원 가입이 마무리 되었다.


## 4. ACM 온라인 채점 사이트 UVA

UVA 사이트는 Valladolid 대학에서 운영하는 ACM 온라인 채점 시스템이다. 온라인 대회를 비롯하여 오프라인에서 개최된 ACM 문제들을 지속적으로 공부할 수 있도록 제공해주는 사이트이다. 기존에는 acm.uva.es/problemset 사이트에서 문제보는 것과 채점이 가능하였으나 워낙 세계에서 사용하는 사람들이 많다보니 채점 시스템만 따로 독립하여 새로 개발하였다. 현재는 icpcres.ecs.baylor.edu/onlinejudge/ 사이트에서 문제 보기와 채점이 가능하다.

이 대학 사람들이 마이크로소프트사를 싫어하는지는 모르겠으나 예전에는 인터넷 익스플로러로 접속이 가능하였으나 현재는 접속하면 화면을 거의 알아볼 수 없다.

모질라에서 나온 파이어폭스 브라우저에서는 올바로 사용이 가능하다. 파이어폭스 브라우저는 www.mozilla.or.kr/ko/ 에서 다운로드 받을 수 있다.

파이어 폭스로 사이트를 접속했다면 회원 가입을 신청해보자.

채점 사이트의 첫 페이지에서 왼쪽 메뉴 가운데에서 "Register"을 클릭하여 사용자 등록을 해보자.

## Registration

| Name: | | |
| --- | --- | --- |
| Username: | | |
| E-mail: | | |
| Password: | | |
| Verify Password: | | |
| Online Judge ID: | | |
| Results email: | | |

Send Registration

위와 같은 폼이 나타날 것이다.

Name : 영문으로 이름을 적당히 작성하자.

Username : ID 를 넣도록 한다.

E-mail : 결과를 받거나 ACM 관련 소식을 얻고 싶은 경우 제대로된 이 메일 주소를 입력하도록 한다.

Password : 비밀 번호를 넣어준다.

Verify Password : 비밀 번호를 재확인 하는 것이니 다시 한번 넣어주자.

Online Judge ID : 이전의 UVA 사이트에서 채점 시스템을 사용하였던 사용자들은 숫자 5 개와 문자 2 개로 구성된 고유 ID 가 있을 것이다. 그 아이디를 넣어주면 이전 사이트에서 풀었던 문제 목록과 예전 정보를 현재 사이트로 가져오게 된다. 만일 예전에 사용했던 적이 없다면 "00000" 을 넣어주도록 한다.

Result email : 채점한 결과나 에러를 이메일로 받고 싶은 경우 체크해준다.

모두 제대로 작성한 뒤 "Send Registration" 을 눌러주면 등록이 완료된다. 다시 첫 화면에서 등록된 Username 과 Password 로 로그인 해보자.

## Online Judge

Quick Submit

Migrate submissions

My Submissions

My Statistics

Browse Problems

Contests

Site Statistics

로그인하면 왼쪽 메뉴가 위와 같이 변경된다. 메뉴의 기능은 다음과 같다.

Quick Submit : 문제를 찾아 들어가서 채점을 위한 코드를 제출할 수도 있고, 문제 번호를 넣어서 바로 채점할 수 도 있다. "Quick Submit"은 문제 번호를 넣어서 바로 채점할 때 사용하는 메뉴이다.

Migrate submissions : 예전 사이트에서 채점하였던 기록을 이전하는 기능이다. 예전 사이트에서 채점했던 사람들이 사용하는 것으로 한 번만 이동시키면 된다.

My Submissions : 자신이 제출했던 결과를 볼 수 있다. UVA 는 코드를 제출하면 결과를 화면상에서 바로 알려주지 않는다. 코드를 제출했다면 이 메뉴로 들어와서 통과되었는지를 확인해야 한다.

My Statistics : 자신이 푼 문제들의 기록을 볼 수 있다.

Browse Problems : 100 개씩 분류되어 있는 문제를 분류 별로 찾아 들어가서 문제를 보는 메뉴이다.

Contests : 온라인으로 진행되고 있는 대회나 이전 대회, 그리고 앞으로의 대회에 대해 안내된다. 또한, 이전 대회 기록도 볼 수 있다. 온라인 대회가 열리는 시간에 맞추어 참가해 자신의 실력도 측정해볼 수 있다.

Site Statistics : 채점 사이트의 정보를 보여준다.


문제는 "Browse Problems" 로 참고하고 "Quick Submit" 으로 제출하는 폼에 제출하는 방법만 살펴보도록 하자.

# Quick Submit

Problem ID     [_____]

Language
    ○ ANSI C 4.1.2 - GNU C Compiler with options: -lm -lcrypt -O2 -pipe -ansi -DONLINE_JUDGE
    ○ JAVA 1.6.0 - Java Sun JDK
    ○ C++ 4.1.2 - GNU C++ Compiler with options: -lm -lcrypt -O2 -pipe -DONLINE_JUDGE
    ○ PASCAL 2.0.4 - Free Pascal Compiler

Paste your code...
[                                        ]

...or upload it   [_____] [ 찾아보기… ]

[ Submit ]   [ Reset form ]

위에서 "Problem ID"는 문제 번호를 적어준다. 다음으로 작성한 프로그램 언어를 선택해주도록 한다. 세 번째 "C++"을 선택하면 된다. 마지막으로 코드를 복사하여 "Paste your code..." 내에 붙일 수도 있고, "찾아보기"를 눌러서 소스 코드를 선택할 수도 있다. 둘 중 한가지 방법으로 코드를 넣어준 뒤 "Submit" 버튼을 눌러주면 소스 코드가 제출된다. 채점 결과는 "My Submissions"를 눌러서 확인할 수 있다.

# Part 03 C++ 컴파일러

정보 올림피아드를 준비하는데 있어서 가장 많이 사용되는 것이 유료 소프트웨어인 마이크로소프트사의 Visual C++ 6.0 과 무료 소프트웨어인 Dev-C++ 이다. KOI 같은 경우는 Visual C++ 6.0(줄여서 VC 라 하자) 이 공식언어로 지정된 상태이다. 따라서, VC 에서 돌아가는 모든 코드는 다 채점 가능하다. C++ 을 실행 파일을 만드는 이 두 가지 도구를 컴파일러라고 한다.

VC 는 표준 C++ 문법과 조금 다른 것들이 있어서 컴파일러에서는 제대로 실행이 되더라도, UVA 나 USACO 에서 컴파일 에러로 에러가 발생될 수 있다. 예를 들면, int 형으로 처리가 불가능한 경우는 int 의 자리수가 2 배 정도되는 64 비트형 정수를 사용해야 한다. 이때, VC 에서는 "_int64" 를 사용해야 한다. 그리고, 출력도 "cout" 이 아닌 printf("%I64d", a) 와 같은 형태를 사용해야 한다. 표준에서는 "long long int" 형을 사용하며, 이전 int 와 같이 cout 을 사용하여 출력할 수 있다.

Dev-C++ 은 최근 C++ 표준을 모두 사용하므로 "long long int" 나 STL (표든 템플릿 라이브러리) 사용에서도 문제 없이 사용된다.

## 1. Visual C++

VC 는 정품 CD 를 학생용 버전으로 구입하여 사용할 수 있다. 요즘 새로 나오는 Visual Studio 2008 버전의 경우 표준 C++ 을 준수하지만 윈도우 프로그래밍, 웹 프로그래밍 등을 하기 위해 덩치가 너무 크고 무겁다. 단순히 C++ 을 공부하여 문제 풀기용으로는 그다지 적합한 컴파일러가 아니다. VC 를 설치 마무리 하고 실행하면 다음과 같은 화면을 처음 보게 된다.

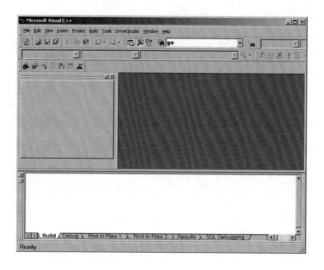

## 2. Dev-C++

DC(Dev-C++ 을 줄여서 DC 로 칭하기로 한다)은 http://www.bloodshed.net/
dev/devcpp.html 사이트에 접속해서 다운로드 받은 후 설치해야 한다. 접속한
페이지는 다음과 같다.

# The Dev-C++ Resource Site

Navigation:

- Home
- Dev-C++
- Packages
- Documentation
- Getting Help
- Credits
- Contact us

## Feature list

- Support GCC-based compilers
- Integrated debugging (using GDB)
- Support for multiple languages (localization)
- Class Browser
- Code Completion
- Debug variable Browser
- Project Manager
- Customizable syntax highlighting editor
- Quickly create Windows, console, static libraries and DLLs
- Support of templates for creating your own project types
- Makefile creation
- Edit and compile Resource files
- Tool Manager
- Print support
- Find and replace facilities
- Package manager, for easy installation of add-on libraries
- CVS Support
- To-Do List
- CPU Window

## Requirements

- Windows 95 or higher.
- 32 MB of RAM.
- The executables compiled by Dev-C++ will need MSVCRT.DLL (comes with Windows 95 OSR 2 or higher).

## License

Dev-C++ is Free Software distributed under the GNU General Public License. This means you are *free to distribute and modify Dev-C++*, unlike most Windows software! Be sure the read the license.

## Donations

Please support Dev-C++ by making a donation ! The money will be shared between the active developers and the support manager in order to help us continue improving Dev-C++ from day to day.

Click on the button below to make a donation using Paypal or your Credit Card :

## Downloads

**Dev-C++ 5.0 beta 9.2 (4.9.9.2) (9.0 MB) with Mingw/GCC 3.4.2**
Dev-C++ version 4.9.9.2, includes full Mingw compiler system with GCC 3.4.2 and GDB 5.2.1 See NEWS.txt for changes in this release.

Download from:

-  SourceForge

**Dev-C++ 5.0 beta 9.2 (4.9.9.2), executable only (2.4 MB)**
Dev-C++ version 4.9.9.2, without Mingw compiler system and GDB. Get this one if you already have a previous Dev-C++ beta or already a compiler. See NEWS.txt for changes in this release.

Download from:

- SourceForge

**Dev-C++ 5.0 beta 9.2 (4.9.9.2), source code (1.6 MB)**
Dev-C++ version 4.9.9.2 source code for Delphi.

Download from:

- SourceForge

아래쪽에 Downloads 에 보면 SourceForge 를 클릭할 수 있다. 클릭하면 최신 버전의
인스톨 파일이 다운로드 된다.

다운된 실행 파일을 실행할 때 처음 언어 선택에서 Korean 을 선택해준다.

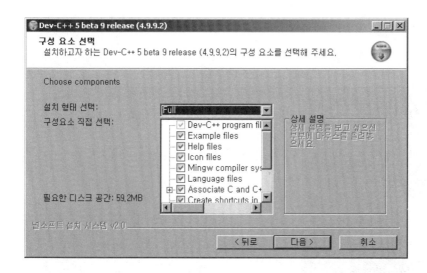

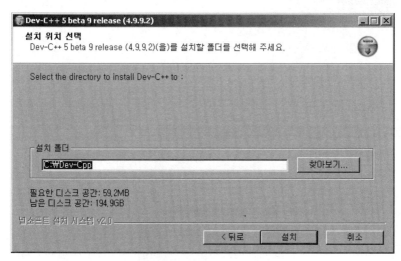

차례대로 다음을 선택해주고, 설치를 눌러주면 위의 마지막 화면까지 오게 된다.
마지막으로 예를 눌러주면 설치가 시작된다.

설치 완료 후 마침을 누르면 처음 실행되게 된다.

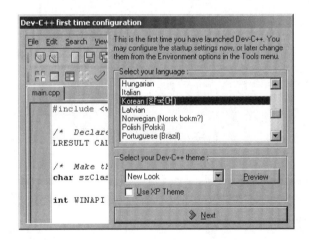

이 화면에서 언어를 Korean 으로 선택해주고, 나머지를 Next 를 눌러서 넘어가준다.
마지막 설치 마무리가 진행 후 실행되면 다음과 같은 화면을 볼 수 있다.

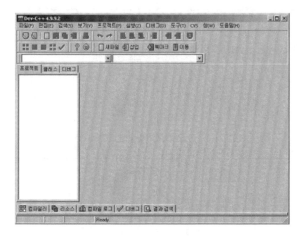

# Part 04 실행하기

VC 와 DC 에서 실제 코드를 작성하고 실행하는 방법을 알아보자.

## 1. 기본 코드

```
int main()
{
    return 0;
}
```

위의 코드가 C++ 의 기본 코드이다. main() 을 통해 모든 프로그램이 실행된다. 현재는 아무 일도 하지 않고 끝나도록 한다. return 0 은 프로그램 마지막에 넣어주는 것으로 성공적으로 끝나는 것을 알리는 것이다.

## 2. VC 로 실행하기

VC 를 사용해 먼저 기본 코드를 실행해보자.

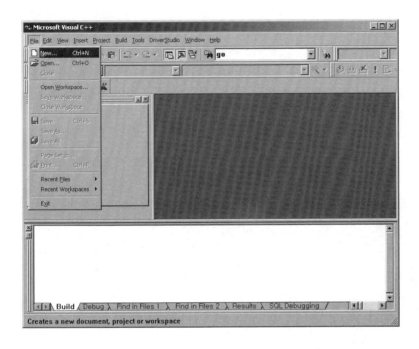

VC 가 처음 구동된 화면에서 File/New… 를 선택하거나 Ctrl+N 키를 눌러서 새 파일을 만들어야 한다.

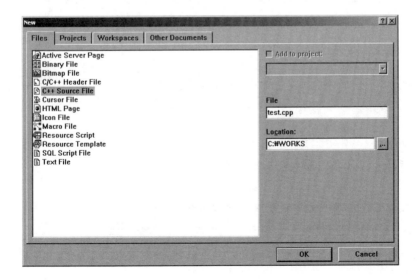

New 대화상자가 나타나면 Projects 탭이 활성화되어 있다. 제일 위의 탭에서 Files 탭을 선택한다. 위에서 다섯 번째에 위치한 "C++ Source File" 을 선택하고, Location: 에 코드를 저장할 폴더를 선택해준다. 폴더를 변경하려면 ".." 버튼을 클릭해서 변경해준다. 마지막으로 File 에 저장할 코드의 이름을 넣어주도록 한다.

입력이 완료되었으며 OK 를 클릭한다. 다음 페이지와 같은 화면이 나올 것이다. 처음 화면과 차이점은 오른쪽 편에 텍스트 편집기가 활성화되어 코드를 작성할 수 있다.

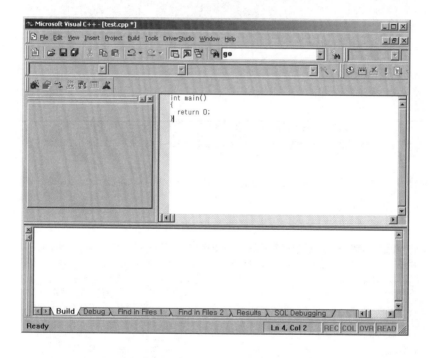

위 그림은 오른쪽 편집기에 기본 코드를 작성한 예이다. 제일 처음 실행하는 경우 프로젝트까지 만들면서 실행된다. "F7"을 눌러보자.

처음으로 실행하는 경우만 위의 대화상자가 나타난다. 프로젝트를 생성할 것인지를 물어본다. "예" 를 클릭해주자.

다시 저장할 것인지 물어보면 예를 눌러주자. 그럼, 작성한 코드가 실행파일로 작성된다. 에러가 없다면 다음 그림과 같이 "0 error(s), 0 warning(s)" 를 볼 수 있다.

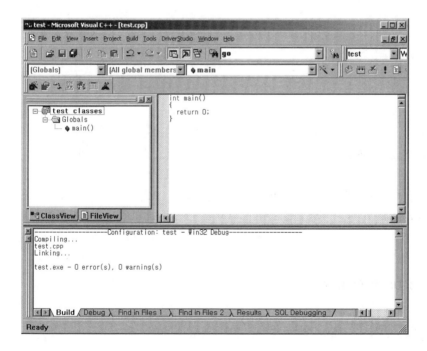

에러나 경고가 1 개 이상인 경우, 코드에서 오타가 났을 것이다. 다시 26 페이지의 기본 코드와 대조해보기 바란다. 처음 배우는 한두 달은 책에 있는 코드를 보고 치는 경우가 많다. 따라서, 에러나 경고의 원인은 거의 오타에서 발생한다.

F7 로 실행 파일을 만드는 과정을 컴파일이라고 한다. 현재 위 화면에서는 생성된 프로젝트 웍스페이스를 확장한 것이다. Globals 밑에 main() 이라는 구성요소가 보일 것이다. 이제 실행파일을 만들었으니 실행해보자.

"Ctrl+F5" 를 눌러주면 만들어진 실행파일이 실행된다. 물론, 현재는 코드에서 어떠한 작업도 하지 않지만, 실행화면은 나타난다.

현재 화면에 나오는 "Press any key to continue" 는 언제나 실행 제일 마지막 부분에 나오게 된다. 어떤 키라도 입력되면 바로 실행 프로그램은 종료된다.


## 3. DC 로 실행하기

이번에는 DC 로 기본 코드를 작성하고 실행해보자.

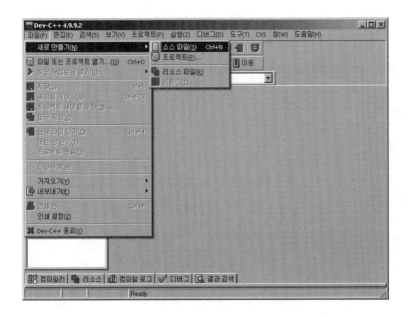

DC 를 실행한 상태에서 파일(F)/새로만들기(N)/소스파일(S) 를 차례대로 선택해준다.
간단히 "Ctrl+N" 을 눌러도 된다.

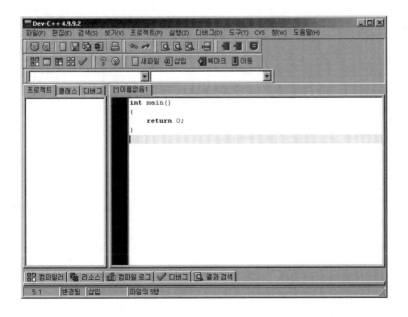

편집기가 활성화되면, 그림의 오른쪽 하단부와 같이 기본 코드를 작성해보자.

코드를 다 작성한 이후, 컴파일하려면 우선 저장을 해야 한다. "Ctrl+S" 를 눌러서
파일 저장 대화상자를 열자. 이때, 저장할 폴더를 선택해주고, 파일 이름은 확장자를
"cpp" 로 해서 저장해준다.

"F9" 를 눌러주면 컴파일되고 바로 실행된다. 에러가 없다면 바로 실행된다. 에러가
있는 경우는 에러 메시지가 출력된다. 그러나, DC 는 실행이 끝나면 기다리지 않고
바로 닫혀버린다. 아마 뭔가 번쩍하고 사라졌을 것이다. VC 처럼 멈춰있게 하고 싶다면
기본 코드를 다음과 같이 고쳐보자.

```
#include <windows.h>

int main()
{
  system( "PAUSE" );

  return 0;
}
```

system( "PAUSE" ); 는 화면에서 멈춘 상태로 대기하도록 만든다. #include
〈windows.h〉는 system 을 사용하기 위해서 선언해야 한다.

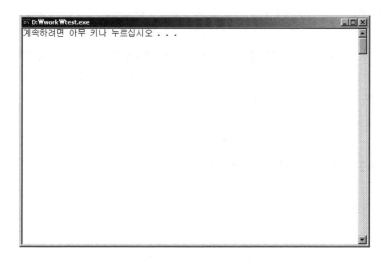

이제 다시 실행하면 화면상에서 멈추고 위 그림과 같이 멈추게 된다. DC 는 한글로
"계속하려면 아무 키나 누르십시오 . . ." 가 출력된다. 아무 키나 누르면 실행 화면이
닫히게 된다.

KOI 사이트에 접속하여 볼 수 있는 문제로서 2004 년도 지역 본선 초등부 1 번 문제를 살펴보겠다. 여러분은 가장 쉬운 문제부터 국가 대표급 문제까지 공부해갈 예정이다. 초등부 문제가 지역 본선 고등부 1 번 문제보다 어려울 때도 더러 있다.

## 1. 2004 년도 지역 본선 초등부  1 번 문제

### 백설공주와 난장이

안개 숲에는 백설 공주와 7 명의 난장이가 함께 살고 있다. 7 명의 난장이의 키가 입력으로 주어질 때 이 중 키가 가장 큰 난장이와 두 번째로 큰 난장이의 키를 출력하는 프로그램을 작성하시오.

실행파일의 이름은 AA.EXE 로 하고, 프로그램의 실행시간은 1 초를 넘을 수 없다. 부분 점수가 주어질 수 있다.

### 입력 형식

입력 파일의 이름은 INPUT.TXT 로 한다. 첫째 줄부터 일곱 번째 줄까지 한 줄에 하나씩 난장이의 키가 주어진다. 주어지는 난장이의 키는 100 보다 작은 자연수이다.

### 출력 형식

출력 파일의 이름은 OUTPUT.TXT 로 한다. 첫째 줄에는 가장 키가 큰 난장이의 키를 출력한다. 둘째 줄에는 두 번째로 키가 큰 난장이의 키를 출력한다. 만약 가장 키가 큰 난장이가 둘 이상이라면 첫째 줄과 둘째 줄에 같은 값을 출력해야 한다.

**입력(INPUT.TXT)**

```
79
57
88
72
95
88
64
```

**출력(OUTPUT.TXT)**

```
95
88
```

### 문제 파악

KOI, USACO, UVA 등의 프로그래밍 경진 대회들은 모두 위와 같은 문제 형식을 갖는다. 문제에 대한 설명, 입력 설명, 출력 설명, 입력 예제, 출력 예제와 같은 포맷이다. 일단 이 문제에서 요구하는 요점을 파악하는 것이 무엇보다 중요하다. 프로그래밍 전에 입력 예제와 출력 예제가 왜 그렇게 나오는지를 제대로 알고 넘어가야 프로그래밍에서도 실수가 적어진다.

문제를 제대로 이해하지 못하고 문제를 풀게되면 프로그래밍이 끝난 이후에 다른 예제가 제대로 출력되지 않을 경우, 다시 프로그래밍해야 하는 일이 발생한다. 대회

중이라면 엄청난 시간적 소모이며, 대회 자체를 포기하게 될지도 모른다. 따라서, 무엇보다 입출력 예제를 정확히 파악해야 한다.

이제 위의 백설공주와 난장이 문제를 파악해보자. 입력으로 주어지는 7 명의 난장이 키를 비교하여 가장 큰 난장이와 두 번째로 큰 난장이의 키를 구해내는 문제이다.

**필요한 지식**

입력 방법 : 일곱 명의 난장이의 키를 입력받아서 변수에 저장하는 법을 알아야 한다.
처리 방법 : 키를 서로 비교하여 첫 번째와 두 번째로 큰 키를 찾아야 한다.
출력 방법 : 두 사람의 키를 차례대로 출력하는 법을 알아야 한다.

위와 같이 3 가지로 프로그래밍하는 방법을 알아야 한다. 다음 두 강좌에서 여러 가지 입력 방법과 출력 방법을 배울 것이다. 입력과 출력 방법은 한 번만 배워두면 다시 공부할 일은 없게 된다.

나머지 처리 방법은 문제에 따라서 효율적인 자료구조가 필요할 수도 있고, 간단한 논리적 지식이나, 알고리즘을 배워야 한다. 앞으로 여러 문제를 접하면서 필요한 지식은 차례대로 강좌해나갈 것이다.

# Part 06 입력하기

경진대회에서 입력은 두 가지로 구성된다. 파일 입력과 키보드 입력이다. 키보드 입력은 콘솔 입력이라고도 한다. KOI, USACO 는 파일 입력을 사용하고, UVA 는 키보드 입력을 사용한다.

입력되는 데이터는 정수, 실수, 문자 3 가지로 구성된다. 문자는 문자 하나인 경우와 단어와 같은 문자열인 경우로 구분된다.

## 1. 변수

데이터를 입력 받기 위해서는 저장할 변수가 필요하며, 변수는 자신의 데이터 형식을 정해주어야 한다. 변수의 이름은 첫 번째 글자는 '_' 나 영문자로 구성되어야 하며, 두 번째 이후에는 숫자도 올 수 있다.

올바른 이름: abc, _12a, Korea, my_name, MyName
잘못된 이름: 2bc(숫자로 시작), my name(중간에 공백 있음)
또한, 변수는 대소문자를 구분한다. MyName 과 myname 은 다른 변수이다.

## 2. 데이터 형식

| 형식 | 형식명 | 범위 |
|------|--------|------|
| 정수 | int | 2,147,483,647 |
| 큰 정수 | long    long    int, __int64 | 9,223,372,036,854,775,807 |

| 실수 | double | $1.7976931348623158 \times 10^{308}$ |
|------|--------|--------------------------------------|
| 문자 | char | 영문자 한 개 |
| 문자열 | string | 하나 이상의 문자로 구성된 문자열 |

int, long long int, __int64, double, char 형은 별다른 선언 없이 사용할 수 있으나, string 형은 #include〈string〉을 프로그램 시작에 넣어주어야 한다.

주의해야 할 부분은 큰 정수 부분이다. VC 에서는 "__int64"를 사용하여 큰 정수를 계산한다. DC 에서는 "long long int"를 사용하여 큰 정수를 사용할 수 있다. VC 를 기본 언어로 채택한 KOI 에서는 int 범위를 넘어가는 데이터를 처리하는 경우 "__int64"를 사용할 수 있고, UVA 와 USACO 는 long long int 를 사용해야 한다. Visual Studio 최근 버전들에서는 long long int"를 사용하지만 본 교재에서는 사용하지 않는 컴파일러이다.

변수에 값을 넣을 때는 예제와 같이 '=' 을 사용하여 값을 넣을 수 있다.

```
int main()
{
    int a = 4, b;
    b = 34;

    return 0;
}
```

위의 코드에서 a 는 변수 선언과 동시에 대입된 것이고, b 의 경우는 선언 이후에 값을 다시 대입한 것이다.

## 3. 정수 하나 입력

```
2
```

위의 정수 하나를 입력 받는 코드는 다음과 같다.

```cpp
#include <iostream>

using namespace std;

int main()
{
    int a;

    cin >> a;

    return 0;
}
```

입력은 "cin >> 변수" 와 같은 방식으로 입력한다. 변수는 입력 받을 값의 형태에 따라
알맞은 데이터 형으로 설정해주어야 한다. 정수 형이므로 "int" 를 사용했다. 만일,
int 범위를 넘어가는 경우는 큰 정수 형으로 사용해야 한다.

## 4. 정수 2 개 입력

```
2
3
```

정수 2 개를 입력 받는 코드는 다음과 같다.

```
#include <iostream>

using namespace std;

int main()
{
    int a, b;

    cin >> a >> b;

    return 0;
}
```

2 의 변수를 연달아 입력하는 것은 ">>" 를 이용하여 계속 입력해줄 수 있다. 물론 다음도 정수 2 개를 입력하는 같은 코드이다.

```
#include <iostream>

using namespace std;
```

```
int main()
{
    int a, b;

    cin >> a;
    cin >> b;

    return 0;
}
```

">>" 를 이용하여 같이 입력 받으나 따로 입력 받으나 같은 결과가 된다.


## 5. 정수, 실수 하나씩 입력

```
2
23.4
```

위의 정수, 실수 하나를 입력 받는 코드는 다음과 같다.

```
#include <iostream>

using namespace std;

int main()
{
```

```
    int a;
    double b;

    cin >> a >> b;

    return 0;
}
```

실수인 경우 정수 변수로 받게 되면 소수점 이하의 값이 잘린 채로 들어오게 된다. 23.4 를 정수 변수 a 로 받게 되면 실제 a 에는 23 만 들어오므로, 실수인 경우는 반드시 double 형 변수를 사용하도록 하자.


## 6. 문자 두 개와 문자열 입력

```
a 2
boys
```

위의 문자 두 개와 문자열을 입력 받는 코드는 다음과 같다.

```
#include <iostream>
#include <string>

using namespace std;

int main()
{
```

```
    char a, b;
    string s;

    cin >> a >> b >> s;

    return 0;
}
```

위와 같이 받으면 a = 'a', b = '2', s = "boys" 라는 값이 저장된다. 숫자 하나인 경우도 문자로 받으면 문자로 취급된다. 따라서, 두 자리 이상의 숫자는 문자 변수 하나로 받을 수 없고, 문자열로 받아야 한다. 문자열을 사용하기 위해서는 "#include 〈string〉" 을 먼저 선언해주어야 한다.


## 7. 문자열 입력

```
I am a boy.
```

위의 문장 하나를 문자열로 입력 받는 코드는 다음과 같다.

```
#include 〈iostream〉
#include 〈string〉

using namespace std;

int main()
{
```

```
    string s;

    getline(cin, s);

    return 0;
}
```

문자열을 입력 받을 때, 공백을 포함하여 한 줄 전체를 받고 싶은 경우 "cin >> s" 와
같은 식으로는 받을 수 없다. "cin >> s" 와 같이 받는다면, "I am a boy." 에서 공백이
나오면 문자열의 끝으로 인식되어, "I" 만 입력된다. 공백을 포함하여 한 줄을 전체 받고
싶은 경우, 반드시 "getline" 을 사용해서 받도록 하자.


## 8. 문자열로 받아서 숫자랑 분리해내기

```
12 3 45.6
```

위의 데이터를 문자열로 입력 받아서 분리해내는 코드는 다음과 같다.

```
#include <iostream>
#include <string>
#include <sstream>

using namespace std;

int main()
{
```

```
    string s;
    int a, b;
    double c;

    getline(cin, s);
    istringstream sin(s);


    sin >> a >> b >> c;


    return 0;
}
```

위의 코드는 실전 문제를 풀 때 가끔 접할 수 있는 예제로서, 입력 처리가 까다로워 문자열로 입력받아서 숫자를 분리해내야 하는 경우이다. 더러는 문자열 자체를 분석해서 숫자 떼내고 소수점 찾아낸 뒤에 숫자 변환함수를 이용해서 분리하기도 한다. 그러나, 위와 같이 istringstream 이라는 입력 문자열 처리 전용 스트림을 이용하면 간편히 분리할 수 있다. istringstream 을 사용하기 위해서는 "#include ⟨sstream⟩" 을 선언해주어야 한다.


## 9. 파일의 끝 ⟨EOF⟩ 까지 입력

```
1
2
5
7
...
23
```

```
〈EOF〉
```

위의 데이터는 굉장히 긴 정수들이 입력되며, 끝나는 것은 파일의 끝인 〈EOF〉로 끝날 때를 처리하여 입력받아야 한다. 실제로 〈EOF〉는 입력 테스트시에 "Ctrl+Z"를 입력해주어야 한다. 위 데이터에서 "…" 부분은 무수히 많은 수들이 생략된 것이라고 가정하자. 실제 입력에서는 정수이므로 "…"이 있을 수 없다.

```cpp
#include 〈iostream〉

using namespace std;

int main()
{
    int a;

    while (cin >> a) {

    }

    return 0;
}
```

위 코드는 while 문을 사용했는데, while 은 괄호 안의 문장이 참인 경우 "{ }" 으로 묶인 블럭 내부나 문장을 수행하는 명령이다. 위에서 while (cin >> a) 는 a 로 데이터가 계속 입력되는 경우 참이 된다. EOF 가 입력되는 경우 거짓이 되어 while 을 빠져나오게 된다.

최근 KOI 에서는 대체로 데이터의 개수가 먼저 명시되는 경우가 많아서 EOF 처리가 필요 없지만, UVA 의 경우는 자주 EOF 처리를 해주어야 한다. 추후 UVA 실제 문제를 풀 때 적용해보도록 하자.

## 10. 파일로 정수 2 개 입력

```
1
2
```

우선, 화면으로 입력하는 경우와 파일로 입력하는 두 가지 경우를 살펴보자. 키보드로 두 정수를 입력받는 코드는 다음과 같다.

```cpp
#include <iostream>

using namespace std;

int main()
{
    int a, b;

    cin >> a >> b;

    return 0;
}
```

파일로 입력할 때는 선언하는 부분과 입력시 파일을 정해주는 부분이 추가된다.

```
#include <fstream>

using namespace std;

int main()
{
    int a, b;
    ifstream in("input.txt");

    in >> a >> b;

    return 0;
}
```

〈iostream〉 대신에 파일 스트림 〈fstream〉 을 사용한다. 키보드 입력은 스트림을 지정해 주지 않아도 cin 을 사용해 기본 입력 스트림으로 사용하지만, 입력 파일 스트림인 경우 ifstream 형으로 지정해주어야 한다.

ifstream in("입력 파일명");

이와 같이 파일명을 괄호 내에 넣어주면 된다. 입력 파일 input.txt 에는 정수 2 개의 정보가 저장되어야 한다. 예를 들면,

```
2  3
```

과 같이 input.txt 파일에 저장되어야 프로그램을 실행했을 때 제대로 두 정수가 입력된다. 입력 파일은 텍스트 파일이므로 메모장과 같은 텍스트 편집기나 VC++ 이나 gcc 로 입력 파일을 작성해주어도 된다. 이전 강좌의 입력했던 여러 방식은 파일

입력에도 동일하게 사용할 수 있다. ifstream 을 넣어주고 cin 대신에 in 을 사용한다는 점만 빼면 동일하다.

## 11. 배열

데이터가 여러 가지인 경우 배열을 사용해서 처리하는 것이 여러모로 편리하다.

```
23  34  45  56  67
```

과 같은 5 개의 데이터를 각각의 변수로 받는 경우 굉장히 불편해진다.

```
int a1, a2, a3, a4, a5;
```

위와 같이 5 개 각각의 변수를 배열을 사용하면 하나로 간단히 묶을 수 있다.

```
int a[5];
```

배열은 "변수[크기]" 로서 정의한다. 실제 사용할 때는 a[0], a[1], a[2], a[3], a[4] 와 같이 5 개의 값으로 입력을 받게 된다. 배열을 사용할 때는 주로 for 문을 같이 사용하게 된다.

## 12. for 반복문

반복문을 사용 방법은 다음과 같다.

```
for (초기 실행; 조건; 최종 반복 명령) 반복 명령;

for (초기 실행; 조건; 최종 반복 명령) {
  반복 명령 1;
  반복 명령 2;
}
```

위와 같은 2 가지 형식이 존재한다. 첫 번째 형식은 for 에서 반복될 명령이 한 줄인 경우에 사용한다. 예를 들면 다음과 같다.

```
for (i = 0; i < 3; i++) cin >> a;
```

위 문장은 초기 실행으로 i 에 0 을 대입해준다. 다음으로 i 가 3 보다 작은 경우 반복 명령을 사용하게 된다. 반복 명령이 완료되면 최종 반복 명령을 사용하게 된다. 최종 반복 명령 이후에 다시 조건으로 가서 참이면 다시 반복 명령으로 가서 실행하게 된다. 위의 문장의 흐름을 좀더 풀어 쓰면 다음과 같다.

```
i = 0; // i = 0
cin >> a;
i++; // i = 1
cin >> a;
i++; // i = 2
cin >> a;
i++; // i = 3
```

초기 실행문에 의해서 i 가 0 이 되었다. i 가 3 보다 작으므로 반복 명령 "cin >> a;" 을 실행한다. 최종 반복 명령 "i++;" 을 실행하고 다시 조건으로 간다. 다시 i 가 3 보다

작으므로 반복 명령으로 가서 실행을 하다가, 최종 반복 명령으로 i 가 3 보다 작지
않아진 경우에 반복을 멈추게 된다. 최종 반복 명령에 사용된 i++ 은 i 를 1 증가
시키는 문장이다. 이걸 증가 연산자라고 하는데 나중에 다시 한번 자세히 다루겠다.

이번에는 for 를 사용하는 두 번째 형식의 예제를 살펴보자.

```
for (i = 0; i < 3; i++) {
  cin >> a;
  b++;
}
```

최종 반복 명령 전에 사용할 명령이 2 개 이상인 경우 블럭을 사용한다. 블럭이란 괄호
시작 '{' 과 끝 '}' 기호를 갖는 하나의 구역이 된다.


## 13. 설명 달기

"//" 을 사용하면 그 이후는 설명문으로 인식된다. 따라서, 프로그램 실행에는
영향을 미치지 않게 된다. 한 줄 설명은 "//" 을 붙이고 사용하며, 여러 줄 설명은
"/*" 으로 시작하고, "*/" 으로 끝나게 된다. 예는 다음과 같다.

```
i = 0; //한 줄 짜리 설명문입니다.
// i = 23;
/* 여러줄의 설명문을 시작합니다.
   C++ 을 재미있게 공부해봅시다.
   설명 끝 */
```

설명으로 사용된 두 번째 줄의 "// i = 23;" 은 실행되지 않으므로, i 의 값은 계속 0 인 채로 저장된다.


## 14. 연속으로 5 개 정수 입력

```
1 2 5 7 4
```

위와 같이 5 개의 데이터를 입력 받아보자. 일반적인 변수를 사용하면 다음과 같다.

```cpp
#include 〈iostream〉

using namespace std;

int main()
{
   int a1, a2, a3, a4, a5;

   cin 〉〉 a1 〉〉 a2 〉〉 a3 〉〉 a4 〉〉 a5;

   return 0;
}
```

입력받을 정수가 100 개 나 그 이상이라면 거의 노가다 수준의 코딩이 필요하다. 방금 나왔던 for 와 배열을 활용해서 바꿔보자.

```cpp
#include 〈iostream〉
```

```
using namespace std;

int main()
{
    int a[5], i;

    for (i = 0; i < 5; i++) cin >> a[i];

    return 0;
}
```

a[0] 부터 a[4] 까지 5 개를 받는 것을 for 를 사용하면 간단해진다. 100 개 이상이라도 5 대신 숫자만 변경해주면 된다.


## 15. 2 차원 정수 입력

```
1  2  5
7  4  8
9  6  3
```

위와 같이 3 x 3 행렬 데이터를 입력해보자. 행렬 데이터를 받으려면 2 차원 배열을 사용해야 한다.

```
int a[3][3];
```

이렇게 선언하면 3 x 3 크기의 배열이 만들어진다. 구조는 다음과 같다.

| a[0][0] | a[0][1] | a[0][2] |
| a[1][0] | a[1][1] | a[1][2] |
| a[2][0] | a[2][1] | a[2][2] |

배열로 선언하면 0 부터 선언한 크기-1 의 값으로 접근할 수 있다. 2 차원으로 선언하면 배열[세로][가로] 또는 배열[y 축 방향][x 축 방향] 으로 생각하면 되겠다. 그럼 실제 2 차원 배열을 활용하여 입력 받는 코드를 살펴보자.

```cpp
#include <iostream>

using namespace std;

int main()
{
    int a[3][3], i, j;

    for (i = 0; i < 3; i++) {
        for (j = 0; j < 3; j++) {
            cin >> a[i][j];
        }
    }

    return 0;
}
```

위의 코드는 반복 명령 부분이 실제로는 하나지민 블럭을 사용하여 읽기 편하도록 정리한 것이다. 다음과 같이 쓴다면 이해하기 힘들 수도 있다.

```
#include <iostream>

using namespace std;

int main()
{
    int a[3][3], i, j;

    for (i = 0; i < 3; i++) for (j = 0; j < 3; j++) cin >> a[i][j];

    return 0;
}
```

위 문장이 틀린 것은 아니지만 가독성이 떨어진다. 따라서, 왠만하면 블럭을 구분해서 눈에 잘 들어오도록 코딩하자. 코드에서 i 내부에 j 가 들어가 있다. 그렇다면 실제 데이터는 어떻게 자리 잡을까?

```
1  2  5
7  4  8
9  6  3
```

을

```
#include <iostream>

using namespace std;
```

```
int main()
{
    int a[3][3], i, j;

    for (i = 0; i < 3; i++) {
        for (j = 0; j < 3; j++) {
            cin >> a[i][j];
        }
    }

    return 0;
}
```

과 같이 입력받으면 다음과 같은 모양이 된다.

| 1 | 2 | 5 |
|---|---|---|
| 7 | 4 | 8 |
| 9 | 6 | 3 |

즉, i 내부에 j 가 있는 경우는 입력된 순서 그대로 행렬을 유지한다. 이번에는 j 내부에 i 가 있는 경우는 어떻게 될까?

```
#include <iostream>

using namespace std;

int main()
{
```

```
    int a[3][3], i, j;

    for (j = 0; j < 3; j++) {
        for (i = 0; i < 3; i++) {
            cin >> a[i][j];
        }
    }


    return 0;
}
```

과 같이 입력받으면 다음과 같은 모양이 된다.

| 1 | 7 | 9 |
|---|---|---|
| 2 | 4 | 6 |
| 5 | 8 | 3 |

j 내부에 i 가 있는 경우는 가로가 우선으로 입력된다. 이걸 열 우선 또는 가로 우선이라고 한다. 마찬가지로, i 내부에 j 가 있는 것은 행 우선 또는 세로 우선이라 한다.


## 16. 가로 세로 크기 다른 2 차원 정수 입력

```
3 5
1 2 5 7 4
7 4 8 9 2
9 6 3 4 2
```

이번에는 세로와 가로의 크기가 먼저 입력되고, 그 크기에 따른 행렬 데이터를 받는 경우를 살펴보자.

```
#include <iostream>

using namespace std;

int main()
{
    int a[100][100], i, j, n, m;

    cin >> n >> m;
    for (i = 0; i < n; i++) {
        for (j = 0; j < m; j++) {
            cin >> a[i][j];
        }
    }

    return 0;
}
```

2 차원 배열을 선언할 경우 크기를 넉넉히 잡아주어야 한다. 정보 올림피아드 문제에서는 주로 최대 얼마까지 입력된다고 명시가 된다. 이때, 그 크기까지 처리되어야 하므로 넉넉히 배열을 선언해주어야 한다. 이 코드는 최대 100*100 이 입력된다고 가정했을 경우가 된다. 세로 길이가 3 이므로 3 으로 입력 받은 변수 n 을 for 문장 처음에 조건으로 사용하였다. n 과 m 이 사용된 곳을 주의 깊게 보기 바란다.

## 17. 문자열 배열 입력

```
5
spiderman
superman
terran
protoss
zerg
```

위와 같이 5 개라는 크기가 주어진 문자열을 배열로 받아보자.

```cpp
#include <iostream>
#include <string>

using namespace std;

int main()
{
    string str[100];
    int i, n;

    cin >> n;
    for (i = 0; i < n; i++) cin >> str[i];

    return 0;
}
```

정수 배열일 때와 차이점이라면 데이터 형만 string 형으로 변경된 것 밖에는 없다.

## 18. 파일로 EOF 까지 정수 배열 입력

```
12 3 54 897 34
32 3 5
432
```

문제에서 입력되는 크기가 정해지지 않고 입력된 데이터 개수까지 처리해야 하는 경우라면, 입력 받으면서 개수를 세어야 한다. 위 데이터가 input.txt 파일로 저장된 경우 다음과 같이 작성할 수 있다. 입력되는 데이터는 예제와 같이 무조건 한 줄에 하나씩 입력되지 않을 수도 있다.

```cpp
#include <fstream>

using namespace std;

int main()
{
    int a[1000], num;
    ifstream in("input.txt");

    num = 0;
    while (in >> a[num]) num++;

    return 0;
}
```

위 코드에서 num 을 처음에 0 으로 해서 a[0] 부터 받게 된다. 하나씩 받으면 num 이 1 씩 증가되어 입력된 개수가 구해진다. 위의 데이터로 모든 입력이 끝나면 num 은 데이터 개수인 9 를 갖게 된다.

## 19. 큰 정수 입력

int 형의 범위를 넘어가는 정수 데이터를 입력 받아보자. VC 와 DC 에서 다르게 취급된다. VC 에서는 "__int64" 를 사용하고, DC 에서는 "long long int" 형을 사용한다.

```
123456789012
```

위 데이터는 int 의 최대 크기인 2,147,483,647 을 넘어가는 수이다. VC 버전의 코드를 살펴보자.

```cpp
#include <cstdio>

int main()
{
    __int64 a;

    scanf( "%I64d" , &a);

    return 0;
}
```

이전과 같이 〈iostream〉 이 아닌 〈cstdio〉 와 scanf 를 사용해서 입력해야 한다. 주의할 점은 "%I64d" 에서 'I' 는 반드시 대문자를 사용해야 한다. 소문자를 사용할 경우 제대로 입력되지 않는다. DC 버전의 코드를 보자.

```cpp
#include <iosteam>

using namespace std;

int main()
{
    long long int a;

    cin >> a;

    return 0;
}
```

VC 버전의 __int64 는 윈도우 환경에서 비트에 관계없이 언제나 64 비트 정수를 쓰기 위해 만들어낸 마이크로소프트사 운영체제 환경에서만 사용되지만, DC 버전은 현재 표준 C++ 의 규칙을 완전히 따른다. 따라서, 기존의 int 형을 처리할 때와 동일한 코드로 처리할 수 있다.

KOI 에서는 VC 버전의 코드를 사용해야 하며, KOI 를 제외한 다른 외국 사이트에서는 모두 DC 버전을 사용해야 한다.

# Part
# 07    출력하기

입력처럼 출력도 화면에 출력하는 방식과 파일로 출력하는 두 가지 방식이 존재한다. 화면으로 정수 하나를 출력하는 기본 코드는 다음과 같다.

```cpp
#include <iostream>

using namespace std;

int main()
{
    int a = 1;

    cout << a << endl;

    return 0;
}
```

<iostream> 은 입출력을 모두 포함하고 있으므로, 출력에도 역시 선언되어야 한다. cout 으로 출력할 내용을 내보내게 된다. 입력에서는 기호가 ">>" 이었고 출력은 "<<" 을 사용한다. 기호의 방향을 보면 알겠지만, cout 쪽으로 나가도록 되어 있다.

먼저 a 가 나가고 다음에 "endl" 이 나간다. a 는 나가면서 자신에 저장된 값을 출력시킨다. "endl" 을 출력에 사용되는 특수 단어로서 현재 출력을 마무리 하고 다음 행으로 넘어가도록 한다. 즉, 출력 결과는 다음과 같다.

이번에는 파일로 출력하는 코드를 살펴보자.

```
#include <fstream>

using namespace std;

int main()
{
    ofstream out("output.txt");
    int a = 1;

    out << a << endl;

    return 0;
}
```

먼저 파일 입력과 같이 <fstream> 을 선언해야 한다. 출력 파일 스트림은 "ofstream" 으로 출력 파일을 지정해주어야 한다. out 을 통해 파일에 접근하게 된다. out 에는 출력 파일이름을 지정하게 된다. 이 코드에서는 출력 파일이름을 "output.txt" 로 지정하였다.

화면 출력과의 차이점은 위와 같이 출력 스트림을 지정해준 것 외에 cout 을 out 으로 변경한 것 외에는 없다. 위 코드를 실행한 경우에는 "output.txt" 파일에 결과가 저장된다. 메모장과 같은 텍스트 뷰어를 사용하여 파일을 열어보면 화면 출력과 같은 결과가 저장되어 있게 된다.

## 1. 정수 2개와 문자열 출력

```
1  2
abcd
```

위와 같은 결과를 얻으려면 다음과 같이 단순히 출력만 사용해도 상관없을 것이다.

```cpp
#include <iostream>

using namespace std;

int main()
{
    cout << "1 2" << endl << "abcd" << endl;

    return 0;
}
```

그러나, 보통 출력의 경우 문제에 따라 값이 변하는 값이므로 변수를 이용하여 출력해보자.

```cpp
#include <iostream>
#include <string>

using namespace std;

int main()
```

```
{
    int a = 1, b = 2;
    string str = "abcd";

    cout << a << " " << b << endl;
    cout << str << endl;

    return 0;
}
```

두 개의 정수 변수에 각각 값을 1, 2 로 저장하고, 문자열 변수에는 해당 문자열을 저장하여 출력한 것이다. 문자열을 위해 〈string〉 을 선언해주어야 한다. 정수 변수 2 개를 출력할 때 cout 을 여러 개 나누어 사용해도 동일한 결과를 같게 된다. 정수 출력 부분을 다음과 같이 고쳐보자.

```
cout << a;
cout << " ";
cout << b;
cout << endl;
```

이렇게 사용해도 한 줄로 사용한 것과 같은 결과를 갖는다.

## 2. 문자열의 문자 하나씩 출력

```
a
b
```

```
c
d
```

문자열에 저장된 "abcd" 를 한 글자씩 출력해보자.

```
#include <iostream>
#include <string>

using namespace std;

int main()
{
    string str = "abcd";
    int i;

    for (i = 0; i < str.length(); i++) {
        cout << str[i] << endl;
    }

    return 0;
}
```

string 형은 자신에 저장된 문자열의 길이를 length() 를 이용하여 알아낼 수 있다.
위의 for 문의 조건에 사용된 str.length() 와 같이 변수를 통해 접근하면 변수에 저장된
길이를 알 수 있다. 여기서는 str.length() 값이 저장된 "abcd" 의 길이 4 가 된다.

string 형의 변수의 각 문자는 배열과 같이 [위치] 형식을 사용해서 접근할 수 있다. 첫 번째 문자의 위치는 변수[0] 와 같이 접근할 수 있다. 위의 코드에서 "abcd" 와 같은 경우는 str[0] = 'a', str[1] = 'b', str[2] = 'c', str[3] = 'd' 로 접근된다.

### 3. 메시지와 함께 실수 출력

파이값 = 3.141592 입니다.

위와 같이 변수에 3.141592 와 같은 실수 값을 중간에 출력해보자.

```cpp
#include <iostream>

using namespace std;

int main()
{
    double pi = 3.141592;

    cout << "파이값 = " << pi << "입니다." << endl;

    return 0;
}
```

출력하는 문장이나 단어는 큰 따옴표(")로 묶어서 출력해주면 그대로 출력된다.

## 4.1 차원 배열의 값 출력

```
3 55 87 3 42
```

1차원 배열에 저장된 5개의 정수를 출력해보자.

```cpp
#include <iostream>

using namespace std;

int main()
{
    int a[5] = {3, 55, 87, 3, 42};
    int i;

    for (i = 0; i < 5; i++) {
        cout << a[i] << " ";
    }
    cout << endl;

    return 0;
}
```

배열을 초기화하는 방법은 배열 선언과 동시에 "{", "}" 내부에 사용할 값을 순서에 따라 차례대로 대입해주는 것이다. 위와 같이 대입하는 경우 a[0] = 3, a[1] = 55, a[2] = 87, a[3] = 3, a[4] = 42 와 같이 저장된다. 출력할 때는 일일이 출력하는 것보다는 배열이므로 for 를 활용한다.

출력에서 배열의 각 원소의 사이를 띄우기 위해 공백을 같이 출력하였다. 공백이 없는 경우 숫자가 모두 붙어 나오게 된다. 배열의 각 원소를 출력한 이후에 마지막에 다음 줄로 넘어가기 위해, for 가 끝난 이후에 "endl" 을 사용하게 된다.

### 5. 2차원 배열 입력 받고 출력

```
4 5
87 5 2 3 5
5 53 8 92 4
53 55 32 78 46
90 72 49 2 1
```

위와 같은 값을 입력받아서 다음과 같이 출력해보자.

```
87   5   2   3   5
 5  53   8  92   4
53  55  32  78  46
90  72  49   2   1
```

코드는 다음과 같다.

```
#include <iostream>
#include <iomanip>

using namespace std;
```

```
int main()
{
  int n, m, i, j, a[100][100];

  cin >> n >> m;
  for (i = 0; i < n; i++) {
    for (j = 0; j < m; j++) {
      cin >> a[i][j];
    }
  }

  for (i = 0; i < n; i++) {
    for (j = 0; j < m; j++) {
      cout << setw(2) << a[i][j] << " ";
    }
    cout << endl;
  }

  return 0;
}
```

이번 코드에서는 칸을 일정하게 맞추어야 한다. 출력 형식을 조정하기 위해서는 〈iomanip〉 를 선언하고 사용한다. setw(폭의 크기) 를 사용하면 폭의 크기만큼을 잡아두고 출력한다. 위에서 setw(2) 를 잡아두고 변수를 출력하면 2 칸을 무조건 사용하게 된다. 2 자리가 안되는 수는 앞쪽에 공백이 채워진다.

역시 구분을 위해서 변수 사이에 공백을 출력했다. i 행의 모든 변수가 for 문 j 를 사용하여 출력된 이후에 "endl" 로 한 줄 내려가도록 하였다.

## 6. 소수점 자리 맞춰서 출력

```
12345.362498
34.2
424.5218
```

위와 같은 3 개의 실수를 읽어서 다음과 같이 소수점 셋째 자리까지 반올림해서 출력해보자.

```
12345.362
34.200
424.522
```

코드는 다음과 같다.

```cpp
#include <iostream>
#include <iomanip>

using namespace std;

int main()
{
    double a;
    int i;

    for (i = 0; i < 3; i++) {
        cin >> a;
```

```
        cout << fixed << setprecision(3) << a << endl;
    }


    return 0;
}
```

fixed 는 소수점이 변동되지 않도록 출력해준다. fixed 를 빼고 위와 같이 실행하면
처음 실수가 다음과 같이 출력된다.

```
1.23e+004
```

12345.362 를 소수점 위에 한자리 숫자로 변환하면 $1.2345362 \times 10^4$ 이 된다. 다시
과학적 표기법으로 고치면 1.2345362e+4 가 된다. 과학 실험에서는 굉장히 작거나 큰
값을 측정해서 기록할 때 효과적인 표기 방식이 필요하게 된다. 예를 들어, 1 초마다
아메바가 자라는 크기를 측정한다고 해보자.
0.0000000000000000000000000000000000001 이 자란다고 했을 때 저걸 매 초마다
기록하기 보다는 $1.0 \times 10^{-37}$ 으로 표현하는게 더 좋다. 과학적 표기법이라면 물론
1.0e-37 이 되겠다.

컴퓨터에서는 자리수가 일정 크기를 넘어버리면 자동으로 과학적 표기법으로
고쳐버리게 된다. 따라서, 원래의 소수점을 고정시켜서 출력하려면 "fixed" 를
사용해주어야 한다.

다음으로 소수점 이하 자리 수 세팅은 "setprecision(소수점이하 개수)" 을 사용한다.
해당 개수만큼 숫자가 출력된다. 위 예제의 두 번째 실수처럼 소수점 이하 자리수가
개수보다 작은 경우는 0 을 붙여준다. 세 번째 실수는 자동으로 반올림되어 표현된
것이다.

## 7. 큰 정수 입력 받고 출력

```
1234567890123
1234567890123
```

위와 같은 수를 입력받고, 그대로 출력해보자. 역시, VC 와 DC 에서의 처리가 다른데 VC 에서의 코드를 살펴보자.

```cpp
#include <cstdio>

int main()
{
  __int64 a;

  scanf( "%I64d" , &a);
  printf( "%I64d\n" , a);

  return 0;
}
```

입력은 입력하기의 큰 정수 편에서 자세히 설명했으므로, 참고하기 바란다. 출력도 입력과 마찬가지로 "%I64d"를 사용하여 출력할 수 있다. "printf" 를 사용할 때 '\n' 을 사용하면 cout 의 "endl"처럼 다음 줄로 넘어가도록 해준다. 이번에는 DC 버전을 살펴보자.

```cpp
#include <iostream>

using namespace std;

int main()
{
  long long int a;

  cin >> a;
  cout << a << endl;

  return 0;
}
```

DC 버전에서는 일반 정수형 "int" 처리할 때와 동일하다.

# 첫 번째 문제 풀기

문제 접하기 부분에서 나열했던 입력, 처리, 출력부분을 차례대로 처리해보자.

**입력 형식**

입력 파일의 이름은 INPUT.TXT 로 한다. 첫 째 줄부터 일곱 번째 줄까지 한 줄에 하나씩 난장이의 키가 주어진다. 주어지는 난장이의 키는 100 보다 작은 자연수이다.

**입력(INPUT.TXT)**

```
79
57
88
72
95
88
64
```

문제에서 입력 형식과 입력 예제를 살펴보자. 일곱 난장이의 키가 100 보다 작은 자연수로 입력된다. 따라서, 정수형 데이터로 처리해야 하며, 배열로 처리하는 것이 효율적이다. 입력 부분만 코드로 작성하면 다음과 같다.

```
#include <iostream>
```

```
using namespace std;

int main()
{
  int a[7], i;

  for (i = 0; i < 7; i++) cin >> a[i];

  return 0;
}
```

문제에서 처리해야 할 부분은 이들 키를 비교해서 첫 번째 큰 키와 두 번째 큰 키를 찾아서 출력해야 한다. 처리하는 방식은 2 가지로 할 수 있다. 첫 번째 방법은 다음과 같다.

1. 가장 큰 키 찾기
2. 가장 큰 키를 0 으로 바꾸고 다시 가장 큰 키를 찾아서 두 번째 큰 키 찾기

두 번째 방법은 다음과 같다.

1. 키를 큰 키부터 작은 키 순서로 나열하기
2. 나열된 상태에서 처음 두 키를 출력하기

첫 번째 방법을 위해서는 배열에서 가장 큰 값을 찾을 수 있어야 한다. .

## 1. 최대값 · 최소값 구하기

문제의 입력에 사용된 데이터를 배열을 표현하면 다음과 같다. 최대값을 먼저 구해보자. 최대값은 max 변수를 활용하여 구한다. 제일 먼저 해야 할 일은 max 를 데이터 중에 가장 작은 값으로 초기화하는 작업이다. 데이터는 모두 0 보다 큰 값이 입력되므로 max 를 0 으로 초기화하였다.

| 79 | 57 | 88 | 72 | 95 | 88 | 64 |
|----|----|----|----|----|----|----|

| max | 0 |
|-----|---|

배열의 첫 번째 원소와 max 값을 비교하여 더 큰 경우 바꾸도록 한다. 현재 비교되는 값이 79 로 max 보다 값이 크므로 max 값을 바꾼다.

| **79** | 57 | 88 | 72 | 95 | 88 | 64 |
|----|----|----|----|----|----|----|

| max | 79 |
|-----|----|

두 번째 원소와 비교하면 현재 저장된 max 값이 더 크므로 max 를 바꾸지 않도록 한다.

| 79 | **57** | 88 | 72 | 95 | 88 | 64 |
|----|----|----|----|----|----|----|

| max | 79 |
|-----|----|

세 번째 원소는 max 보다 값이 크므로 max 를 바꾸도록 한다. 이런 방식으로 마지막 원소까지 비교되면 max 는 79 라는 값을 갖게 된다.

이제는 최소값을 구하는 예를 살펴보자. 최소값은 min 변수를 사용하며 입력되는 데이터보다 더 큰 값으로 초기화할 수 있다. 이 문제는 입력에서 100 보다 작은 키가 들어온다고 하였으므로 min 값을 100 으로 초기화하면 되겠다.

| 79 | 57 | 88 | 72 | 95 | 88 | 64 |

| min | 100 |

최소값도 역시 처음부터 검사하며 비교 대상의 값이 작으면 바꿔야 한다. 첫 번째 원소는 min 값보다 작으므로 바꾸도록 한다.

| **79** | 57 | 88 | 72 | 95 | 88 | 64 |

| min | 79 |

두 번째 원소도 역시 현재 min 값보다 작으므로 교체하도록 한다.

| 79 | **57** | 88 | 72 | 95 | 88 | 64 |

| min | 57 |

마지막 원소까지 비교하면 min 에는 가장 작은 원소 57 이 저장된다. 7 개의 원소를 입력 받아서 최대값과 최소값을 구하는 코드를 살펴보자.

```cpp
#include <iostream>

using namespace std;
```

```
int main()
{
  int a[7], i, min, max, maxi, mini;

  for (i = 0; i < 7; i++) cin >> a[i];

  min = 100;
  max = 0;

  for (i = 0; i < 7; i++) {
    if (max < a[i]){
      max = a[i];
      maxi = i;
    }
    if (min > a[i]) {
      min = a[i];
      mini = i;
    }
  }

  cout << "최대값 = " << max << endl;
  cout << "최소값 = " << min << endl;
  cout << "최대값의 위치 = " << maxi << endl;
  cout << "최소값의 위치 = " << mini << endl;

  return 0;
}
```

최대값을 구하는 실제 코드 부분은 "if (max 〈 a[i]) max = a[i];" 이다. if 문은 조건문으로 if 뒤의 괄호 내의 값이 참이 되면 다음문자 "max = a[i]"를 실행하게 된다. 최소값은 min 보다 작으면 바꾸도록 하는 코드이다. 최대값과 최소값이 바뀔 때 해당 위치를 maxi, mini 에 저장하였다.

여기에 사용된 if 문에 대해서 자세히 알아보자.


## 2. if 조건문

조건문 사용 형식은 다음과 같다.

```
if (조건) 명령;

if (조건) {
   명령1;
   명령2;
}
```

조건은 참과 거짓을 판별할 수 있는 식이 들어가게 된다. 조건이 참이 될 때 실행할 문장이 하나라면 처음 형식과 같이 사용할 수 있으며, 여러 개의 문장을 실행하고자 한다면 두 번째 형식과 같이 사용할 수 있다.

조건에 사용되는 식은 수학 연산, 관계 연산, 논리 연산으로 구분할 수 있다.

## 3. 수학 연산

수학 연산은 "a+b", "a*c-b" 와 같은 수학적인 계산식이다. C++ 에서 사용할 수 있는 기본적인 수학 연산에 대해서 살펴보자.

| 기호 | 정의 | 예제 | 결과 |
|------|------|------|------|
| + | 덧셈 | 2+3 | 5 |
| − | 뺄셈 | 5−4 | 1 |
| * | 곱셈 | 2*8 | 16 |
| / | 나눗셈 | 5/2 | 2 |
|   |      | 5.0/2 | 2.5 |
|   |      | 5/2. | 2.5 |
| % | 나머지 | 7%4 | 3 |

덧셈과 뺄셈은 기존 수학 기호와 동일하다. 곱셈은 "*" 기호를 사용한다. 나눗셈은 '/' 기호를 사용하는데 기호 앞 뒤에 둘 다 정수가 사용되면 결과는 몫이 구해진다. 앞뒤에 숫자 하나라도 실수가 사용되면 결과는 실수가 되며, 실수 사용시 "2.0" 과 같이 소수점 밑에 수가 0 인 경우 생략하여 "2." 과 같이 나타낼 수 있다. 나머지 연산(%)은 정수인 경우만 사용할 수 있다.

## 4. 관계연산

서로 간의 관계에 사용되는 연산으로 다음 표를 살펴보자.

| 기호 | 정의 | 예제 | 의미 |
|------|------|------|------|
| > | 크다. | a > b | a 가 b 보다 크다. |
| < | 작다. | a+b < c | a+b 결과가 c 보다 작다. |
| >= | 크거나 같다. | a/b >= c | a 를 b 로 나눈 몫이 c 보다 크거나 |

| | | | 같다. |
|------|-----------|-----------|----------------------------------|
| <= | 작거나 같다. | c <= x+y | c 가 x 와 y 를 합한 값보다 작거나 같다. |
| == | 같다. | a%2 == 0 | a 가 2 로 나누어 떨어진다. |
| != | 같지 않다. | b != 3 | b 가 3 과 같지 않다. |

"크거나 같다" 또는 "작거나 같다" 를 사용하는 경우 '=' 기호가 뒤에 온다. "같다"의 경우 "=="로서 '=' 기호를 두 개를 연달아 사용한다. "같지 않다"는 느낌표를 사용하여 표현한다.

예제에서 "a%2 == 0"는 a 를 2 로 나눈 나머지를 구한 값이 0 인 경우이다. 어떤 수를 2 로 나눈 나머지가 0 이라면 나누어 떨어진다는 의미이다. 나누어 떨어지는지 비교하는 문장은 잘 사용되는 것이므로 기억해두기 바란다.


## 5. 논리연산

논리적으로 참과 거짓을 사용하여 연산하는 것들로 표를 통해 알아보자.

| 기호 | 정의 | a | b | 연산 | 결과 |
|------|------|------|------|---------|------|
| && | AND | 거짓 | 거짓 | a && b | 거짓 |
| | | 거짓 | 참 | a && b | 거짓 |
| | | 참 | 거짓 | a && b | 거짓 |
| | | 참 | 참 | a && b | 참 |
| \|\| | OR | 거짓 | 거짓 | a \|\| b | 거짓 |
| | | 거짓 | 참 | a \|\| b | 참 |
| | | 참 | 거짓 | a \|\| b | 참 |
| | | 참 | 참 | a \|\| b | 참 |
| ! | NOT | 거짓 | | !a | 참 |

| | | 참 | !a | 거짓 |
|---|---|---|---|---|

논리 연산은 '참' 과 '거짓' 을 활용해서 결과로 참과 거짓을 얻어내는 것이다.


## 6. 최대값 구하는 max_element

표준으로 제공되는 함수를 활용하여 최대값을 구해보자. 이 함수는 〈algorithm〉 을 선언해야 사용할 수 있다. 사용 방법은 다음과 같다.

```
max_element(배열이름+시작위치, 배열이름+마지막위치+1);
```

최대값을 갖고 있는 원소의 위치를 알려준다. 최대값을 갖는 원소가 2 개 이상이라면 처음에 나온 원소의 위치를 알려준다.


## 7. 최소값 구하는 min_element

최대값 구하는 함수와 마찬 가지로, 이 함수도 〈algorithm〉 을 선언해야 사용할 수 있다. 사용 방법은 다음과 같다.

```
min_element(배열이름+시작위치, 배열이름+마지막위치+1);
```

역시, 이 함수도 최소값이 저장된 첫 번째 위치를 알려준다. 이 두 가지 함수를 활용한 최대값과 최소값을 갖는 코드는 다음과 같다.

```
#include 〈iostream〉
```

```cpp
#include ⟨algorithm⟩

using namespace std;

int main()
{
  int a[7], i;
  int *max, *min;

  for (i = 0; i ⟨ 7; i++) cin ⟩⟩ a[i];

  max = max_element(a, a+7);
  min = min_element(a, a+7);

  cout ⟨⟨ "최대값 = " ⟨⟨ *max ⟨⟨ endl;
  cout ⟨⟨ "최소값 = " ⟨⟨ *min ⟨⟨ endl;
  cout ⟨⟨ "최대값의 위치 = " ⟨⟨ max−a ⟨⟨ endl;
  cout ⟨⟨ "최소값의 위치 = " ⟨⟨ min−a ⟨⟨ endl;

  return 0;
}
```

위치를 저장하기 위해서는 변수 앞에 '*' 를 붙인 변수를 사용해야 한다. 출력할 때도 해당 위치의 값을 출력하므로 '*' 를 붙여서 출력하였다. 실제 원소의 위치는 시작 위치인 배열 이름을 빼주어야 알 수 있다.

## 8. 첫 번째 방법의 풀이

첫 번째 방법을 이제 마무리해보자. 최대값을 구하여 출력하고, 해당 위치를 −1 로 바꾸어 다시 구해서 출력하면 된다. 코드는 다음과 같다.

```cpp
#include <iostream>
#include <algorithm>

using namespace std;

int main()
{
  int a[7], i;
  int *max;

  for (i = 0; i < 7; i++) cin >> a[i];

  // 최대값 구하기
  max = max_element(a, a+7);
  cout << *max << endl;

  // 제일 큰 값을 0 로 바꾼다.
  a[max-a] = 0;

  // 다시 최대값 구하기
  max = max_element(a, a+7);
  cout << *max << endl;
```

```
    return 0;
}
```

〈algorithm〉 함수를 사용하여 효율적으로 구한 코드이다. 첫 번째 큰 값을 출력해주고
나서, 값을 0 으로 바꾸고 다시 최대값을 구한 것이다.


## 9. 순서대로 정렬하기

데이터를 다시 블록으로 표현하면 다음과 같다.

| 79 | 57 | 88 | 72 | 95 | 88 | 64 |
|----|----|----|----|----|----|----|

정렬할 때 기준을 삼고 기준과 비교하면서 정렬하는 단순한 정렬 방법을 배워보자. 첫
번째 기준을 제일 처음 원소로 삼고, 다음 원소와 비교하여 비교되는 원소가 작으면
바꾸어 준다.

| 57 | 79 | 88 | 72 | 95 | 88 | 64 |
|----|----|----|----|----|----|----|

나머지 세 번째 원소부터 마지막까지 비교하면, 현재 바뀐 첫 번째 원소보다 작은
원소가 없으므로 바뀌지 않는다. 첫 번째 원소가 가장 작은 원소가 되었으므로, 이제는
두 번째 원소로 기준을 옮긴다.

| 57 | 79 | 88 | 72 | 95 | 88 | 64 |
|----|----|----|----|----|----|----|

두 번째 원소를 기준으로 세 번째 이하의 원소들과 비교를 하면 네 번째 원소가 현재
기준보다 더 적다. 따라서, 일단 교환하고 다시 비교를 하게 된다.

| 57 | 72 | 88 | 79 | 95 | 88 | 64 |
|----|----|----|----|----|----|----|

다시 비교를 진행하면 마지막 원소가 현재 기준보다 적어서 다시 바꾸게 된다.

| 57 | 64 | 88 | 79 | 95 | 88 | 72 |
|----|----|----|----|----|----|----|

이런 방식으로 비교하게 되면 다음과 같이 정렬된다.

| 57 | 64 | 72 | 79 | 88 | 88 | 95 |
|----|----|----|----|----|----|----|

7 개의 데이터를 입력받고, 정렬하여 출력하는 코드를 살펴보자.

```cpp
#include <iostream>

using namespace std;

int main()
{
  int a[7], i, j, t;

  for (i = 0; i < 7; i++) cin >> a[i];

  // 기준
  for (i = 0; i < 6; i++) {
    // 비교되는 대상
    for (j = i+1; j < 7; j++) {
      if (a[i] > a[j]) {
        t = a[i];
```

```
      a[i] = a[j];
      a[j] = t;
    }
  }
}


for (i = 0; i < 7; i++) cout << a[i] << " " ;
cout << endl;


return 0;
}
```

마지막 원소는 비교될 데이터가 없기 때문에 기준으로 삼지 않는다. 비교되는 대상들은
현재 원소 i 의 다음 원소들을 대상으로 비교한다. "a[i] > a[j]" 로서 뒤의 원소가 더
작으면 두 값을 교환한다.


## 10. 두 수의 값 교환하기

콜라와 환타가 각 컵에 들어 있는 상황에서 두 컵의 내용물을 바꾸려면 어떻게 해야
할까?

빈 컵을 사용하여 내용을 바꿀 수 있다.

먼저 콜라를 빈 컵에 따른다.

다음 환타를 콜라컵에 따른다.

마지막으로 빈 컵에 있는 콜라를 환타 컵에 따르면 내용물이 바뀐다.

위와 같이 내용이 들어 있는 어떤 변수의 값을 바꿀 때는 빈 컵에 해당하는 임시 변수가 하나 필요하다. 바꾸는 코드는 다음과 같다.

```cpp
#include <iostream>

using namespace std;

int main()
{
```

```
int a = 2, b = 3, t;

cout << "a = " << a << endl;
cout << "b = " << b << endl;

t = a;
a = b;
b = t;

cout << "a = " << a << endl;
cout << "b = " << b << endl;

return 0;
}
```

## 11. 두 값을 바꾸는 swap

⟨algorithm⟩ 에서 제공되는 표준 함수로서 동일한 데이터의 값을 바꿔준다. swap 을
활용한 코드는 다음과 같다.

```
#include ⟨iostream⟩
#include ⟨algorithm⟩

using namespace std;

int main()
{
```

```
    int a = 2, b = 3;

    cout << "a = " << a << endl;
    cout << "b = " << b << endl;

    swap(a, b);

    cout << "a = " << a << endl;
    cout << "b = " << b << endl;

    return 0;
}
```

## 12. 배열을 정렬해주는 sort

〈algorithm〉에서 제공하는 정렬함수로 여러 가지 정렬 방식 중에서도 빠른 방식을
사용한 함수이다. 사용법은 다음과 같다.

```
sort(배열이름+시작위치, 배열이름+마지막위치+1);
```

sort 함수를 사용하여 7 개의 데이터를 입력받고 정렬하여 출력하는 코드는 다음과
같다.

```
#include 〈iostream〉
#include 〈algorithm〉
```

```
using namespace std;

int main()
{
  int a[7], i;

  for (i = 0; i < 7; i++) cin >> a[i];

  sort(a, a+7);

  for (i = 0; i < 7; i++) cout << a[i] << " " ;
  cout << endl;

  return 0;
}
```

코드가 훨씬 간결해졌다. sort 함수는 문제에서 자주 사용하게 될 것이다.


## 13. 두 번째 방법의 풀이

두 번째 방법은 정렬한 후, 마지막 두 개의 원소를 큰 순서대로 출력하는 것이다. 코드는 다음과 같다.

```
#include <iostream>
#include <algorithm>
```

```
using namespace std;

int main()
{
    int a[7], i;

    for (i = 0; i < 7; i++) cin >> a[i];

    sort(a, a+7);

    cout << a[6] << endl;
    cout << a[5] << endl;

    return 0;
}
```

이제 KOI 에서 접할 수 있는 제일 첫 번째 문제를 풀게 되었다.

# Part 09 디버깅하기

디버깅은 프로그래밍 문법상의 오류나 논리상의 오류를 잡아내는 작업을 말한다. 일반적인 문법 에러는 컴파일 시에 발견하여 바로 잡을 수 있지만, 논리 오류는 실행하여 에러나 뜨거나 원하는 결과가 나오지 않는 경우 메시지 출력이나 변수 값을 조사하여 잡아야 한다. 손쉽게 저지를 수 있는 문법적인 오류부터 살펴보기로 하자. 오류 메시지나 에러 화면은 VC 와 DC 로 구분하여 설명하겠다. 디버깅은 하면 할수록 에러를 범하는 경우가 점점 줄어들게 될 것이다.

## 1. 변수 미선언

```
int main()
{
  int a, b;

  a = 2;
  b = 3;
  c = a+b;

  return 0;
}
```

위 코드는 일부러 변수 선언을 하지 않았다. 이때 일어나는 문법적인 에러 메시지를 살펴보자.

```
--------------------Configuration: test - Win32 Debug-------
------------
Compiling...
test.cpp
c: ₩works₩test.cpp(7) : error C2065: 'c' : undeclared identifier
Error executing cl.exe.

test.exe - 1 error(s), 0 warning(s)
```

일단 VC 에서는 위와 같은 컴파일 결과를 보여준다. 제일 아래 부분에 에러와 경고 개수를 출력해준다. 현재 이 코드는 1 개의 에러가 있다는 얘기이며, 에러는 발생된 순서대로 표시된다. 에러가 발생한 코드로 바로 갈려면 "F4" 키를 눌러주면 첫 번째 에러 부분으로 간다.

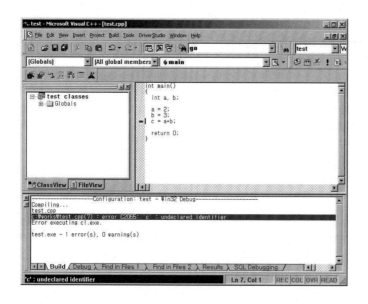

위 화면은 "F4" 를 누른 상태이다. 첫 번째 에러가 발생한 곳에 커서라 옮겨가고 에러 내용도 반전되어 표시된다. 에러 내용은 "error C2065: 'c' : undeclared

identifier" 으로 'c' 라는 변수가 선언되지 않았다는 것이다. 이번에는 DC 에서
동일한 코드로 컴파일 해보자.

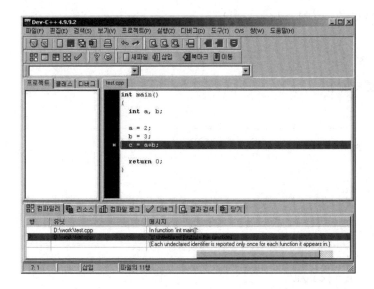

위 화면과 같이 DC 의 경우 "F9" 를 눌러 컴파일하면, 에러가 있는 경우 바로 해당
라인을 표시하며 멈춘다. 일반 문법 에러 메시지의 에러 화면은 한동안 생략하도록
하겠다. 예제를 바로 잡으면 다음과 같다.

```cpp
int main()
{
  int a, b, c;

  a = 2;
  b = 3;
  c = a+b;

  return 0;
```

```
    }
```

c 를 정수형 변수로 다시 선언해주면 되겠다.


## 2. 문자열 미완성

```
#include 〈iostream〉

using namespace std;

int main()
{
  cout 〈〈  "string output;
      〈〈  "completed" ;

  return 0;
}
```

문법적인 에러는 VC 와 DC 가 거의 비슷한 메시지를 출력하므로 VC 의 경우만 예를 들어 설명하도록 하겠다. 위의 경우는 다음과 같은 메시지가 출력된다.

```
--------------------Configuration: test - Win32 Debug-------
------------
Compiling...
test.cpp
C: ₩WORKS₩test.cpp(7) : error C2001: newline in constant
```

```
Error executing cl.exe.

test.exe - 1 error(s), 0 warning(s)
```

급하게 코드를 작성하다 보면, 위와 같은 실수를 내기 마련이다. 문자열을 "string output" 으로 큰 따옴표를 붙여서 완성해주면 되겠다.


## 3. 미안한 함수

```
int mian()
{
    int a = 10;

    return 0;
}
```

초보 시절에는 가장 많은 오류가 바로 오타로 인한 것이다. 위의 예제도 main 을 잘못 타이핑한 것이다. 대부분은 VC 에서는 "F7" 이후에 "F4" 로, DC 에서는 "F9" 이후에 위치한 문장에서 에러를 대체적으로 발견할 수 있다. 위의 예제는 위치를 제대로 표현해주지 않는다.

```
--------------------Configuration: test - Win32 Debug-------
------------
Compiling...
test.cpp
Linking...
```

```
LIBCD.lib(crt0.obj) : error LNK2001: unresolved external symbol _main
Debug/test.exe : fatal error LNK1120: 1 unresolved externals
Error executing link.exe.

test.exe - 2 error(s), 0 warning(s)
```

컴파일은 완료되고, 현재 "Linking…" 상태이다. C++ 은 모든 코드에 기본적인 main 함수가 있어야 하는데 오타로 인해 미안한 함수 mian() 이 대신 있으므로 문법적인 에러는 없지만, main 함수를 찾을 수 없어 발생된 에러이다. 위의 경우 에러 개수는 2 개이지만 main 으로 고치면 모두 사라진다. 에러들은 잘못된 하나의 실수가 여러 개의 에러를 만들어낼 수 있다.

## 4. 0 으로 나누기

```cpp
#include <iostream>

using namespace std;

int main()
{
  int a = 10, b;

  cin >> b;

  cout << a / b << endl;

  return 0;
```

```
}
```

위의 코드는 문법적인 에러가 없는 올바른 코드이다. 그런데, 실행하는 중에 런타임 에러가 발생할 수 있다. 대표적인 런타임 에러인 "zero divide error: 0 나눗셈 에러" 이다. 입력으로 들어오는 b 의 값이 0 인 경우 런타임 에러가 발생하고 실행이 중단된다.

실행한 뒤에 입력으로 0 을 넣으면 위와 같은 화면이 나온다. 주로 이런 대화상자는 런타임 오류로 인하여 발생하는 것이다. 이때는 VC 에서 디버그로 실행해보아야 한다. 디버그로 실행하는 방법은 "Ctrl+F5" 대신 "F5" 만 눌러서 실행해야 한다. "F5" 만 눌러서 실행하여 0 을 입력하면 VC 가 다음 대화 상자를 띄운다.

"Integer Divide by Zero" 라는 런타임 에러이다. 이때 확인을 누르면 VC 화면 배치가 다음과 같이 바뀌어 있다.

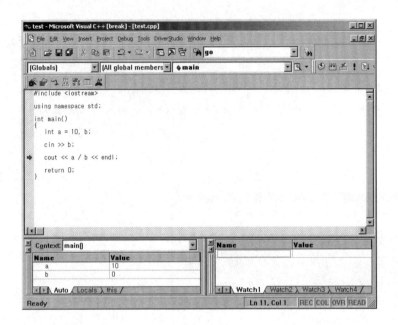

편집 창이 확대되어 있으며, 하단에는 변수들의 정보가 표시된다. 하단 왼쪽 부분에는 프로그램에서 현재 사용하는 변수를 표시해준다. 하단 오른쪽 부분은 사용자가 원하는 변수나 식을 넣어서 표시할 수 있다. 변수나 식을 추가하려면 오른쪽 창의 "Name" 부분을 클릭하여 원하는 변수나 식을 추가할 수 있다. 예를 들어, 다음과 같이 추가하면 값이 표시된다.

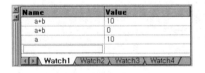

오른쪽 창과 왼쪽 창의 차이점은 왼쪽 창은 실행되고 있는 현재 시점에 사용되는 변수 정보만 보여주므로 변수 목록이 계속 변경된다. 오른쪽 창은 한번 지정해준 식과 변수는 다시 변경하지 않는 이상은 계속 표시해준다. 단, 이 표시 정보는 "F5"를 눌러 디버그 중인 경우에만 표시된다. 디버그를 중단하려면 "Shift+F5"를 눌러주어야 한다.

나눗셈인 경우는 나누는 수가 0 이 될 수 있는지 다시 한번 더 고려해 주어야 한다. 따라서, 예외 처리를 하면 다음과 같은 코드로 고칠 수 있다.

```cpp
#include <iostream>

using namespace std;

int main()
{
int a = 10, b;

  cin >> b;

  if (b != 0) cout << a / b << endl;

  return 0;
}
```

b 가 0 이 아닌 경우에만 계산하여 출력하였다.


## 5. 메모리 침범

메모리 침범은 주로 배열에서 발생한다. 배열의 크기를 넘어가는 곳을 사용하거나 배열이 아닌 영역을 접근할 때 발생한다.

```cpp
#include <iostream>
```

```
using namespace std;

int main()
{
  int a[10] = {0,}, b;

  while (cin >> b) a[b]++;

  return 0;
}
```

입력되는 수가 0~9 인 경우 사용할 수 있는 코드이다. 데이터가 정확히 0~9 사이의 값이라면 몰라도, 그렇지 않은 경우는 역시 범위 검사를 해주어야 한다. 배열 범위를 벗어나면 런타임 에러가 발생한다. 즉, a[13]++ 과 같이 사용되면 바로 에러가 발생된다.

아주, 약간 메모리를 침범하는 경우 디버그 모드에서는 에러가 없을 수 있지만, 릴리즈 모드에서는 바로 런타임 에러가 발생한다. 디버그 모드에서는 여분의 영역을 확보해두지만, 릴리즈 모드는 그렇지 않기 때문이다.

이번에도 역시 "F5" 를 눌러서 디버그를 하는 경우 변수 정보에 배열을 표시해준다. 에러를 발생시키기 위해 100000 을 입력해보자. 디버그 모드인 경우는 역시 다음과 같은 대화 상자가 표시된다.

"Access violation" 메모리 침범인 경우 볼 수 있는 에러이다. 확인을 누르고 역시 VC 로 돌아가면 변수의 값들을 볼 수 있다. 배열의 경우는 다음 그림과 같이 "+" 로 묶여 있다. 탐색기의 폴더처럼 "+" 를 마우스로 클릭하면 아래로 펼쳐지며, 각 원소의 정보를 볼 수 있다.

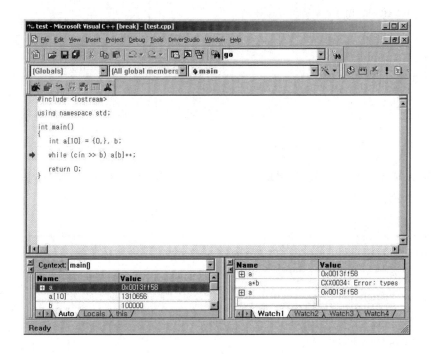

## 6. 스택 오버플로우

변수의 크기가 커지게 되면 메모리에서도 스택 영역을 점점 차지하게 되며 허용된 용량을 넘으면 스택 오버플로우 에러가 발생된다.

```
#include <iostream>
```

```
using namespace std;

int main()
{
  int a[258258];

  cin >> a[0];

  return 0;
}
```

정수 배열로 잡아서 테스트 해보면 위 코드와 같이 잡으면 디버그에서 스택 오버플로우 메시지가 발생된다.

```
Loaded 'ntdll.dll', no matching symbolic information found.
Loaded 'C:\WINDOWS\system32\kernel32.dll', no matching symbolic
information found.
Loaded 'C:\WINDOWS\system32\shimeng.dll', no matching symbolic
information found.
First-chance exception in test.exe (NTDLL.DLL): 0xC00000FD: Stack
Overflow.
The thread 0xDF8 has exited with code 0 (0x0).
The program 'C:\WORKS\Debug\test.exe' has exited with code 0
(0x0).
```

범위를 1 줄여서 int a[258257] 까지 잡은 경우는 스택 오버플로우가 발생하지 않는다. 내부 변수나 함수 메모리 등의 여러 메모리 량까지 포함하여 사용할 수 있는 양이니, int a[200000]" 정도로 사용하는게 적절하겠다. 용량을 계산해보면 정수형 int 가 4

바이트이니 $258,257 \times 4 = 1,033,028$ 바이트이다. 따라서, 프로그램을 짜는 경우 사용하는 메모리가 스택을 넘어가는지 검사할 필요가 있다. 이와 같은 코드는 코드 상에서 발생되는 스택 오버플로우이다.

또 다른 스택 오버플로우는 실행하는 중에 입력받는 메모리가 스택을 넘어가는 경우이다. 가장 잘 나타나는 경우가 자기 자신을 다시 부르는 재귀호출 함수에서 많이 나타난다. 다음 코드를 살펴보자.

```cpp
#include <iostream>

using namespace std;

int recur(int  n);

int main()
{
  int  n;

  cin >> n;
  cout << recur(n) << endl;

  return 0;
}

int  recur(int n)
{
  return recur(n)+recur(n-1);
}
```

디버그로 "F5"를 눌러 실행하여 10000 을 입력하면 다음과 같은 대화상자가 뜰 것이다.

물론 위와 같은 코드는 일반 프로그래밍에서 나오지 않을 것이다. 단지, 일부러 스택 오버플로우를 발생시키기 위해 무한히 자기 자신을 다시 부른 것이다. 프로그래밍에서 위와 같이 재귀호출에서 끝나는 조건이 명확하지 않거나 너무 많은 재귀호출을 하는 경우는 위와 같은 스택 오버플로우가 발생될 수 있다. 자신의 생각대로 프로그래밍하여 최대 크기의 데이터를 넣을 때 스택 오버플로우가 발생되는 경우는 생각을 바꾸어 다르게 프로그래밍해야 할 것이다.


## 7. 디버깅에서 사용되는 키

이전까지는 일반적으로 프로그래밍 오류나 런타임 오류에 의해서 쉽게 에러가 잡히는 경우들이었다. 논리적인 오류나 프로그램이 끝나지 않고 무한루프를 도는 경우, 또는 원하는 결과가 제대로 나오지 않는 경우는 좀더 세밀한 디버깅이 필요하다.
기본적으로 코드는 디버그 모드로 지정된다. 실행파일의 모드는 크게 릴리즈와 디버그 모드가 있다. 디버그를 위해서는 디버그 모드를 당연히 선택해야 한다.

VC 메뉴에 있는 위의 창에서 모드를 간단히 바꿀 수 있다. 디버거에서 자주 사용되는 키를 다음 표로 정리 하였다.

| 사용되는 키 | 동작 |
|---|---|
| F5 | 디버깅 시작하여 중단점에서 멈춘다. 중단점이 없는 경우 에러가 없으면 끝까지 실행한다. |
| Ctrl+Shift+F5 | 디버깅 처음부터 재시작 |
| Shift+F5 | 디버깅 종료 |
| F9 | 중단점 설정 및 해제 |
| Ctrl+Shift+F9 | 중단점 모두 제거 |
| F10 | 라인단위로 실행하며 함수가 있는 경우 함수를 실행하고 다시 돌아온 뒤 멈춘다. |
| F11 | 라인단위로 실행하며 함수가 있는 경우 함수 내부로 진입하여 멈춘다. |
| Ctrl+F10 | 커서가 있는 위치까지 실행 |

중간에 멈춰서 변수의 값들을 알아보려면 중단점을 설정하고 디버깅을 시작해야 한다. 중단점은 멈추고 싶은 위치마다 커서를 옮기고 F9 를 눌러주면 다음 그림과 같이 앞부분에 중단점이 표시된다.

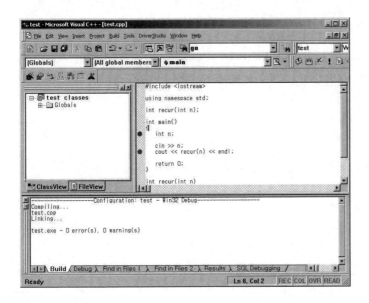

그림에서 편집창의 앞부분에 점들이 중단점이다. 중단점을 없애고 싶다면 다시 커서를 옮기고 F9 를 누르면 된다. 한번 누르면 중단점이 생기고 다시 누르면 없어진다. 중단점을 설정하고 F5 를 누르면 첫 번째 중단점에서 멈추게 된다. 멈춘 상태에서 변수 값을 하단 창에 표시하여 검사할 수 있다.

또 다른 방법은 멈추고 싶은 곳에 커서를 두고 Ctrl+F10 을 눌러서 커서까지 실행하는 것이다. 커서까지 에러가 없다면 한 줄씩 F10 을 눌러서 다음 줄을 한 줄씩 실행해보면서 변수 값들을 조사해볼 수 있다. F11 은 VC 에 제공하는 함수들도 세부적으로 들어가기 때문에 자신이 만든 함수 내부로 들어가지 않는다면 F10 으로 한 줄씩 넘어가는 것을 추천한다.


## 8. 수동 디버그

코드가 긴 경우에 출력이 나오지 않고 계속 실행되는 무한 루프에 빠진 경우 어디에서 멈추었는지 알 수 있을까? 물론, 중단점과 F5 또는 커서까지 실행하도록 해서 한 줄씩 실행하며 찾아낼 수도 있다. 그런데 무한히 길고 대회와 같이 시간이 부족한 경우는 출력 문을 중간 중간에 넣도록 한다. 아래 예제를 살펴보자.

```cpp
#include <iostream>

using namespace std;

int main()
{
  int n, sum = 0;

  cin >> n;
```

```
    while (n++) sum += n;

    return 0;
}
```

위 코드를 실행하면 VC 에서 실행 후 마지막 줄에 나오는 "Press any key to continue" 가 나오지 않는다. 즉, 어딘가에서 무한반복 되고 있다는 얘기다. 이럴 경우 위 코드는 물론 짧지만 아주 긴 코드인 경우 코드를 하나하나 보자면 시간이 오래 걸릴 수 있다. 따라서, 코드 중간 중간에 출력을 추가하는 것이다. 즉, 다음 예와 같다.

```
#include <iostream>

using namespace std;

int main()
{
    int n, sum = 0;

    cout << "1" << endl;

    cin >> n;

    cout << "2" << endl;

    while (n++) sum += n;

    cout << "3" << endl;
```

```
    return 0;
}
```

위와 같이 추가하고 코드를 실행하는 경우, "1, 2, 3 이 화면에 차례대로 출력이 되어야 한다. 그러나, 중간에서 숫자 출력이 멈춘다면 그 멈춘 숫자 다음 라인이 무한 루프의 원인을 제공하고 있는 것이다.

```
1
2
```

실행하면 위와 같이 2 에서 멈추어져 있다. 따라서, 코드에서 "2"를 출력하는 다음 부분인 "while (n++) sum += n;" 부분이 무한반복하고 있는 것이다.

또 다른 수동 디버그로는 2 차원 배열과 같이 디버그 창에서 변수 정보를 보기가 껄끄러운 경우 화면에 일부분을 출력하여 값을 확인해보는 것도 한 가지 방법이다. 수동 디버그로 코드를 치는 것이 불편하겠지만 디버그 모드로 직접 디버그보다 버그를 발견해낼 시간을 더 줄일 수도 있다.

# Part 10 기초 로직 키우기

기본적인 프로그래밍 로직(Logic; 논리)을 키우려면 기초 문제들을 많이 풀어봐야 한다. 여러 가지 유형에 대해 프로그래밍 언어를 활용하여 구현하는 방법들을 익혀야 한다. 문제의 입력과 출력 예제를 보고 혼자 해결해보고, 잘 모르겠다면 풀이와 소스 코드를 참고하도록 하자. 기초 로직이 어느 정도 훈련되면 다시 KOI, USACO, UVA 문제를 풀도록 하자.

풀이는 짝수 페이지에 나오도록 인쇄되어 문제에 대해서 직접 풀어보도록 유도하였다.

## 1. 등수 구하기

다섯 명의 점수를 입력 받아서 각 사람의 등수를 구하는 프로그램을 작성해보자.

 **입력 예제**

```
45
35
29
83
84
```

## 출력 예제

```
3
4
5
2
1
```

# 메모장

풀이

앞으로 데이터 입력하는 부분과 출력하는 부분은 따로 설명하지 않겠다. 등수는 자신의
점수보다 더 높은 가진 사람의 점수의 개수로서 구할 수 있다.

| 45 | 35 | 29 | 83 | 84 |
|----|----|----|----|----|

첫 번째 데이터부터 시작해서 자신보다 큰 점수의 수를 세어보자. 첫 번째 데이터는
자신보다 큰 점수가 2 개 존재한다. 따라서 3 등이 되는 것이다. 소스 코드는 다음과
같다.

```cpp
#include <iostream>

using namespace std;

int main()
{
  int a[5], i, j, rank;

  for (i = 0; i < 5; i++) cin >> a[i];

  for (i = 0; i < 5; i++) {
    // 등수는 1로 초기화
    rank = 1;
    for (j = 0; j < 5; j++) {
      if (a[i] < a[j]) rank++;
    }
    cout << rank << endl;
  }
```

```
    return 0;
}
```

## 2. 홀수의 합과 짝수의 합 구하기

입력으로 데이터의 개수와 정수 데이터가 입력되면, 홀수들의 합과 짝수들의 합을
구하여 차례대로 한 줄에 하나씩 출력하여라.

 **입력 예제**

```
15
9 9 8 8 7 7 6 6 5 5 4 4 3 3 2
```

 **출력 예제**

```
48
38
```

**풀이**

우선 홀수인지 짝수인지부터 판별해야 한다. 홀수의 특징은 2로 나누었을 때 나머지가 모두 1이다. 따라서, 2로 나눈 나머지로 홀수와 짝수를 구분할 수 있다. 합을 구하는 방법은 2가지가 있다. 첫 번째 방법은 다음과 같다.

---

1. 홀수의 합과 짝수의 합 따로 구하기

---

두 번째 방법은 다음과 같다.

---

1. 전체의 합과 짝수의 합 따로 구하기
2. 전체의 합 - 짝수의 합으로 홀수의 합 구해짐.

---

결과적으로는 둘 다 동일한 방법이다. 첫 번째 방법만 짜보기로 하자.

```cpp
#include <iostream>

using namespace std;

int main()
{
  int n, i, x, sum1 = 0, sum2 = 0;

  cin >> n;
  for (i = 0; i < n; i++) {
    cin >> x;
    if (x % 2 == 1) sum1 += x;
```

```
    else sum2 += x;
  }

  cout << sum1 << endl;
  cout << sum2 << endl;

  return 0;
}
```

홀수인 경우는 sum1 에 더하고, 짝수인 경우는 모두 sum2 에 더해서 합계를 구하였다.
더하는 값에서 "+=" 은 뒤의 값을 더해서 앞에 다시 넣어주는 기능을 한다. 여기에
대해 자세히 살펴보자.


## 3. 대입 연산자

대입은 연산 결과를 왼쪽에 넣어주는 연산이다. 기본 대입 연산자는 '='  이다.

```
a = 3;
```

위 코드는 a 에 단순히 3 을 대입해주는 것이다. 이외에도 일반 수학 연산자와 대입
연산자를 묶어서 결과를 왼쪽에 넣어줄 수 있다. 표를 통해 간단한 수학 연산자만
알아보자.

| 기호 | 정의 | 연산 전(a) | 예제 | 연산 후(a) |
|------|--------|-----------|--------|-----------|
| += | 덧셈 대입 | 3 | a += 3 | 6 |
| -= | 뺄셈 대입 | 3 | a -= 2 | 1 |

| *= | 곱셈 대입 | 3 | a *= 4 | 12 |
| /= | 나눗셈 대입 | 3 | a /= 2 | 1 |
| %= | 나머지 대입 | 3 | a %= 2 | 1 |

"a += 3" 은 "a = a+3" 과 같은 결과를 갖는다. 왼쪽과 오른쪽의 값을 연산하여 다시 왼쪽에 넣어주는 것이다. 일반 수학 연산자와는 달리 왼쪽에는 반드시 변수만 올 수 있다.

## 4. 제곱의 합 구하기

N 이 입력되면 1 부터 N 사이의 값을 제곱한 수들의 총합을 한 줄로 출력해라.

**입력 예제**

```
4
```

**출력 예제**

```
30
```

# 메모장

풀이

1부터 N 까지 for 문을 활용하여 제곱을 단순히 더해주면 되는 간단한 문제이다. 기본
코드는 다음과 같다.

```cpp
#include <iostream>

using namespace std;

int main()
{
  int n, i, sum = 0;

  cin >> n;
  for (i = 1; i <= n; i++) {
    sum += i*i;
  }

  cout << sum << endl;

  return 0;
}
```

## 5. 문자 이동

문자를 하나 입력 받아서 10 줄에 1 열씩 옮겨가면서 출력하시오. 예를 들어 문자 'A'
가 입력되면, 다음과 같이 출력되어야 한다.

```
A.........
.A.......
..A.......
...A......
....A.....
.....A....
......A...
.......A..
........A.
.........A
```

```
#
```

```
#.........
.#.......
..#.......
...#......
....#.....
.....#....
......#...
.......#..
........#.
.........#
```

풀이

두 가지의 풀이가 존재한다. 첫 번째는 단순히 for 문과 if 문을 활용해서 해당 위치에서 문자를 출력하는 것이다. 두 번째는 배열에 값을 넣어두고 값을 바꾸면서 출력하는 것인데, 아무래도 첫 번째 방법이 더 효율적이다. 배열이나 변수를 더 사용하게 되면 메모리를 더 잡게 되고 시간을 더 소모하게 된다. 아직은 메모리를 관리해야 할 단계는 아니지만, 효율적인 프로그래밍을 하는 방법은 지금부터 하나씩 익혀두어야 한다.

```cpp
#include <iostream>

using namespace std;

int main()
{
  int i, j;
  char c;

  cin >> c;
  for (i = 0; i < 10; i++) {
    for (j = 0; j < 10; j++) {
      if (i == j) cout << c;
      else cout << '.';
    }
    cout << endl;
  }

  return 0;
}
```

위 코드에서 "i == j" 인 위치에서만 문자를 출력하고 나머지 부분에서는 ' '
문자를 출력한다.

## 6. 문자열 이동

문자열을 하나 입력 받아서 한 번씩 왼쪽으로 로테이션하면서 문자열의 개수 만큼
줄수가 출력하여라.

 **입력 예제**

```
abcd
```

**출력 예제**

```
abcd
bcda
cdab
dabc
```

**풀이**

문자열을 하나씩 이동시켜가면서 출력하는 문제이다. 문자열의 인덱스를 이용해서 출력할 수도 있고, 직접 문자열을 변경하여 출력할 수도 있다. 두 가지 모두 알아보자. 예제의 문자열을 배열로 표현하면 다음과 같다.

| 0 | 1 | 2 | 3 |
|---|---|---|---|
| a | b | c | d |

위의 숫자는 배열 상의 위치가 된다. 일단 위치를 변경 시켜가면서 마지막까지 출력하면 다음과 같다.

[0 ~ 3] abcd

[1 ~ 3] bcd

[2 ~ 3] cd

[2 ~ 3] d

다음 각 줄에서 다시 출력 안한 부분을 처음부터 출력해준다.

[0 ~ 3] abcd [0 ~ 0-1]

[1 ~ 3] bcd [0 ~ 1-1] a

[2 ~ 3] cd [0 ~ 2-1] ab

[3 ~ 3] d [0 ~ 3-1] abc

물론 출력에서는 "[]" 괄호와 수는 생략해야 한다. 인덱스를 저렇게 변경시켜가야 한다. 위에서 보면, 파란색으로 표시된 숫자는 동일하게 사용된다. 따라서, 공통된 부분으로 표현하면 다음과 같다.

[x ~ 3] [0 ~ x-1]

여기서 x 는 0 부터 문자열 길이-1 까지 변하게 된다. 즉, for 문을 활용하여 풀 수 있다. 코드는 다음과 같다.

```cpp
#include <iostream>
#include <string>

using namespace std;

int main()
{
  int i, j;
  string a;

  cin >> a;
  for (i = 0; i < a.length(); i++) {
    for (j = i; j < a.length(); j++) cout << a[j];
    for (j = 0; j < i; j++) cout << a[j];
    cout << endl;
  }

  return 0;
}
```

두 번째 방식은 문자열을 직접 변경하여 출력하는 것이다.

"abcd" → "bcd" + "a"

위와 같은 방식으로 문자열을 뒷 부분의 문자열과 첫 번째 글자를 묶어서 문자열을 변경해주는 것이다. 코드를 살펴보자.

```
#include <iostream>
#include <string>

using namespace std;

int main()
{
  int i;
  string a;

  cin >> a;
  for (i = 0; i < a.length(); i++) {
    a = a.substr(1) + a[0];
    cout << a << endl;
  }

  return 0;
}
```

substr(1) 은 1 번 위치 이후의 문자를 모두 가져오는 것이다. 그 후, 다시 첫 번째
문자인 a[0] 와 더해서 다시 a 문자열을 생성한 것이다.


## 7. 부분 문자열 가져오는 substr

string 형에서 제공하는 함수로서 사용법은 두 가지이다.

```
substr(시작 위치);
```

```
substr(시작 위치, 개수);
```

시작 위치만 넣어주면 마지막까지 부분 문자열을 가져온다. 개수를 넣어주면 해당
위치부터 개수만큼 가져오게 된다. 다음 예제 코드를 살펴보자.

```cpp
#include <iostream>
#include <string>

using namespace std;

int main()
{
  string a = "abcdefg" ;
  cout << a.substr(3) << endl;
  cout << a.substr(2, 3) << endl;

  return 0;
}
```

첫 번째 출력은 3 번 위치부터 마지막까지 출력하므로, "defg" 가 출력된다.
문자열에서 첫 번째 위치는 0 번 위치이다. 두 번째 출력은 2 번 위치부터 3 개를
출력하므로 "cde" 가 출력된다.


## 8. 숫자 개수 세기

1 ~ 9 사이의 여러 수들을 입력 받아서 개수를 카운트하여 출력하여라.

**입력 예제**

3 1 2 4 1 2 5 1 3 5 2 3 4 8 9 8 1 2 3 1 5 3 7

 **출력 예제**

1 = 5
2 = 4
3 = 5
4 = 2
5 = 3
6 = 0
7 = 1
8 = 2
9 = 1

# 메모장

풀이

입력은 더 이상 입력되지 않을 때인 〈EOF〉 (End Of File : 파일의 끝, 입력의 끝) 까지
입력 받아야 한다. 입력되는 수들의 각 개수를 구하는 것으로 카운트 배열을 사용하여
처리해야 한다.

| 0 | 1 | 2 | 3 | 4 | 5 | 6 | 7 | 8 | 9 |
|---|---|---|---|---|---|---|---|---|---|
| 0 | 0 | 0 | 0 | 0 | 0 | 0 | 0 | 0 | 0 |

모두 1 ~ 9 사이의 숫자 종류만 들어오므로 배열은 10 개로 정의한다. 처음 0 인
데이터는 사용하지 않고, 1 ~ 9 의 위치의 값만 사용하도록 한다. 입력 받은 데이터의
같은 위치의 카운트를 1 씩 증가시키면 입력된 데이터의 수를 셀 수 있다. 코드는
다음과 같다.

```cpp
#include 〈iostream〉

using namespace std;

int main()
{
  int count[10] = {0,}, x, i;

  while (cin >> x) count[x] ++;

  for (i = 1; i < 10; i++) cout << i <<  " = "  << count[i] <<
  endl;

  return 0;
}
```

카운트를 0 으로 초기화 하고, x 에 해당하는 카운트 count[x] 를 1 씩 증가시켜서 수를 세었다.


## 9. 배열 초기화

배열을 초기화하는 방법은 3 가지가 있다. 첫 번째는 전역 배열로 선언하는 것이다.

```
#include <iostream>

using namespace std;

int a[10];

int main()
{
  int i;
  int b[10];

  for (i = 0; i < 10; i++) cout << a[i] << endl;
  for (i = 0; i < 10; i++) cout << b[i] << endl;

  return 0;
}
```

코드에서 a 배열은 main 밖에서 선언된 것으로 이렇게 선언되는 배열이나 변수를 전역 변수라고 한다. 전역 변수는 프로그램 전국적으로 사용되는 변수로서 자동으로 초기화되어 0 값을 갖는다. 반면에, b 배열은 초기화가 이루어지지 않았으므로 출력된 결과는 쓰레기 값을 갖게 된다.

이 쓰레기 값은 메모리 상에 버려진 값들이다. 메모장을 띄우고, 익스플로러 실행하는 등의 여러 가지 작업을 하다가, 몇 개를 끄게 되면 이전에 사용하던 메모리가 버려지게 된다. 이렇게 버려질 때 이전에 사용된 값을 갖고 있게 되는데 이런 값들이 쓰레기 값들이다.

두 번째 방법은 main 내부에서 배열에 값을 넣어주는 것이다.

```cpp
#include <iostream>

using namespace std;

int main()
{
  int  i;
  int a[10] = {1, 2, 3, 4, 5, 6, 7, 8, 9, 10};
  int b[10] = {0, };

  for (i = 0; i < 10; i++) cout << a[i] << endl;
  for (i = 0; i < 10; i++) cout << b[i] << endl;

  return 0;
}
```

위 코드에서 a 배열은 차례대로 a[0] = 1, a[1] = 2, .., a[9] = 10 의 값으로 초기화 된다. b 배열은 b[0] = 0 으로 초기화되며 쉼표( ',' ) 뒤에 생략한 원소들은 모두 0 으로 초기화된다.

세 번째 방법은 직접 for 문을 사용해서 초기화해주는 것이다.

```
#include <iostream>

using namespace std;

int main()
{
  int a[10], b[10], i;

  for (i = 0; i < 10; i++) a[i] = 2;
  for (i = 0; i < 10; i++) b[i] = i+1;

  for (i = 0; i < 10; i++) cout << a[i] << endl;
  for (i = 0; i < 10; i++) cout << b[i] << endl;

  return 0;
}
```

a 배열의 모든 원소는 모두 2 로 초기화되며, b 배열은 b[i] = i+1 값으로 초기화된다. 예를 들어, i 가 2 라면 a[2] = 3 으로 초기화되는 것이다. 프로그램 상에서 for 문을 이용해서 초기화하는 일은 자주 있을 것이므로 잘 익혀두자.


## 10. 증감 연산자

변수의 값을 1 씩 증가시키거나 감소시킬 때 사용하는 연산이다. 증감 연산자는 다음 표와 같이 4 가지 종류가 있다.

| 기호 | 정의 |
|------|------|
| a++ | 후치 증가 |
| ++a | 전치 증가 |
| a-- | 후치 감소 |
| --a | 전치 감소 |

증가와 감소 연산은 후치와 전치 연산으로 나뉜다. 전치 연산은 먼저 연산되는 것이고, 후치 연산은 나중에 연산되는 것이다.

```
a++;
++a;
```

단순히 위와 같이 사용되면 별 차이가 없다. 그런데, 식에서 사용되면 두 연산자는 차이가 나타난다.

```
#include <iostream>

using namespace std;

int main()
{
    int a, b;

    a = 5;

    b = a++;
    cout << a << " " << b << endl;
```

```
    b = ++a;
    cout << a << " " << b << endl;

    b = a--;
    cout << a << " " << b << endl;

    b = --a;
    cout << a << " " << b << endl;

    return 0;
}
```

먼저, a++ 을 하게 되면 현재 a 값인 5 를 먼저 사용해서 b 에 대입해주고 나중에 a 는 증가되어서 6 이 된다. 두 번째로 ++a 를 하게 되면, 현재 a 값 6 이 먼저 증가되어서 7 이 되고, 그 값을 b 에 대입하게 된다. 감소 연산자도 마찬가지로 후치와 전치에 따라 결과가 달라진다. 위 코드의 결과는 다음과 같다.

```
6 5
7 7
6 7
5 5
```

실제로는 식에서 사용할 일은 별로 없고 1 씩 증가시키거나 감소시킬 때 자주 사용하게 될 것이다.

## 11. 알파벳 개수 세기

입력되는 문자열은 알파벳 대문자와 소문자로 구성된다. 하나의 문자열만 한 줄로 입력된다. 문자열은 최대 100 개로 구성된다. 입력되는 문자열은 공백이 포함될 수 있다. 출력은 소문자부터 개수를 출력한다. 'a' ~ 'z', 'A' ~ 'Z' 순서대로 각각 "문자 = 개수" 형식으로 출력한다. 단, 개수가 0 개인 것은 출력하지 않도록 한다.

 **입력 예제**

---

I am a boy

---

**출력 예제**

---

a = 2
b = 1
m = 1
o = 1
y = 1
I = 1

---

# 메모장

풀이

숫자 개수 세기와 마찬가지로 카운터 배열을 활용한다. 이 문제는 대문자와 소문자 개수를 따로 계산해야 한다. 대문자인지 소문자인지 판별할 수 있어야 한다. islower 와 isupper 는 영문자 소문자와 대문자 인지를 판별하는 함수로서 〈cctype〉로 이용할 수 있다.

소문자의 개수를 카운트할 경우, 26 개의 배열에 값을 저장할 수 있다.

| 0 | 1 | 2 | 3 | ⋯ | 25 |
|---|---|---|---|---|---|
| 0 | 0 | 0 | 0 | ⋯ | 0 |

위 배열과 같은 경우 소문자 'a' 가 0 번 위치에 숫자로 증가될 수 있어야 한다. 소문자 'a' 에서 다시 'a' 를 빼주면 0 이 된다. 소문자 'b' 에서 'a' 를 빼면 1 이 된다. 즉, [소문자 - 'a' ] 를 하게 되면 배열의 위치를 얻을 수 있다. 대문자는 당연히 [대문자 - 'A' ] 로 위치를 얻을 수 있다. 코드는 다음과 같다.

```cpp
#include 〈iostream〉
#include 〈string〉
#include 〈cctype〉

using namespace std;

int main()
{
  string str;
  int low[26] = {0,}, up[26] = {0,}, i;

  // 공백을 포함하여 한 줄을 입력 받아야 한다.
```

```
getline(cin, str);

for (i = 0; i < str.length(); i++) {
    // 소문자인 경우 [str[i]- 'a' ] 로 해당 위치 개수 증가
    if (islower(str[i])) low[str[i]- 'a' ]++;

    // 대문자인 경우 [str[i]- 'A' ] 로 해당 위치 개수 증가
    if (isupper(str[i])) up[str[i]- 'A' ]++;
}

// 소문자부터 출력
for (i = 0; i < 26; i++) {
    // 0 개 이상인 경우만 출력
    if (low[i] > 0) {
        cout << char( 'a' +i) << " = " << low[i] << endl;
    }
}

for (i = 0; i < 26; i++) {
    if (up[i] > 0) {
        cout << char( 'A' +i) << " = " << up[i] << endl;
    }
}

return 0;
}
```

숫자를 활용해서 소문자를 다시 만드는 방법은 " 'a' +숫자" 로 소문자를 계산한 뒤에 다시 문자형 char 로 변환해야 한다. 대문자인 경우는 'a' 대신 'A' 를 넣으면 되겠다.


## 12. 숫자와 문자 변환하기

0 을 문자 'A', 1 은 'B' 등 대문자로 변화하고자 하는 경우 다음 식으로 변환할 수 있다.

```
char( 'A' +숫자)
```

예를 들면 다음과 같다.

| 예제 | 값 |
|------|-----|
| char( 'A' +0) | 'A' |
| char( 'A' +1) | 'B' |
| char( 'A' +10) | 'K' |
| char( 'A' +25) | 'Z' |

소문자인 경우는 다음과 같다.

```
char( 'a' +숫자)
```

예를 들면 다음과 같다.

| 예제 | 값 |
|---|---|
| char( 'a' +0) | 'a' |
| char( 'a' +1) | 'b' |
| char( 'a' +10) | 'k' |
| char( 'a' +25) | 'z' |

이번에는 반대로 대문자를 숫자로 변환하는 방법을 알아보자.

문자 - 'A'

예를 들면 다음과 같다.

| 예제 | 값 |
|---|---|
| 'A' - 'A' | 0 |
| 'B' - 'A' | 1 |
| 'K' - 'A' | 10 |
| 'Z' - 'A' | 25 |

소문자를 변환하는 방법은 다음과 같다.

문자 - 'a'

예를 들면 다음과 같다.

| 예제 | 값 |
|---|---|
| 'a' - 'a' | 0 |
| 'b' - 'a' | 1 |

| | |
|---|---|
| 'k' - 'a' | 10 |
| 'z' - 'a' | 25 |

## 13. 문자 판별 함수

문자가 대문자인지 소문자인지 숫자인지 등을 판별해주는 함수가 〈cctype〉 에서 제공된다. 표를 통해 함수를 알아보자.

| 함수 | 해당 문자 |
|---|---|
| isalnum(문자) | 알파벳 'A' ~ 'Z' , 'a' ~ 'z' , 숫자 '0' ~ '9' |
| isalpha(문자) | 알파벳 'A' ~ 'Z' , 'a' ~ 'z' |
| isdigit(문자) | 숫자 '0' ~ '9' |
| islower(문자) | 소문자 'a' ~ 'z' |
| isupper(문자) | 대문자 'A' ~ 'Z' |
| isspace(문자) | 공백 문자 ' ' |
| isxdigit(문자) | 16 진수 문자, 알파벳 'A' ~ 'F' , 'a' ~ 'f' , 숫자 '0' ~ '9' |

위의 함수들은 해당문자가 들어오는 경우는 참이 되고, 그렇지 않으면 거짓을 리턴한다. char 형 변수나 문자를 대입해주면 참과 거짓을 활용하여 프로그래밍해야 한다. 예를 들어, 현재 입력된 문자들 중 소문자만 출력하는 예제는 다음과 같다.

```
#include 〈iostream〉
#include 〈string〉
#include 〈cctype〉

using namespace std;
```

```
int main()
{
  string str;
  int i;

  getline(cin, str);

  for (i = 0; i < str.length(); i++) {
    if (islower(str[i])) cout << str[i];
  }

  return 0;
}
```

## 14. 피보나치 수

1 1 2 3 5 8 13 21 …

처음 두 개 항 이후로, 앞의 두 수를 더해서 나오는 수열을 피보나치 수열이라고 한다.
N 을 입력 받아서 N 번째 피보나치 값을 구하여라. N 은 최대 45 까지 입력된다.

 **입력 예제**

```
10
```

**출력 예제**

| 55 |
| --- |

# 메모장

풀이

이 문제는 자신의 앞 두 수를 더해서 구하는 피보나치 수열 문제이다. 두 가지 방법으로 해결할 수 있다.

1. 반복 문을 활용하는 방법
2. 재귀호출 함수를 작성하는 방법

우선 반복 문을 사용하는 방법으로 풀어보자. 배열을 사용하여 프로그래밍하는 경우 0~45 까지 원소를 갖는 배열을 사용한다.

| 0 | 1 | 2 | 3 | ⋯ | 45 |
|---|---|---|---|---|----|
| 0 | 1 | 1 | 0 | ⋯ | 0  |

처음 원소 2 개의 값은 1 로 초기화를 해준다. 그 다음 원소부터는 피보나치 식을 이용하여 구할 수 있다.

f(x) = f(x − 1) + f(x − 2)

배열 이름이 a 라면

a[i] = a[i−1] + a[i−2];

와 같은 코드로 표현할 수 있다. 실제 코드는 다음과 같다.

```
#include <iostream>

using namespace std;
```

```
int main()
{
    int i, a[46], n;

    cin >> n;

    a[1] = 1;
    a[2] = 1;

    for (i = 3; i <= n; i++) {
        a[i] = a[i-1]+a[i-2];
    }

    cout << a[n] << endl;

    return 0;
}
```

반복 문을 활용하는 위의 코드는 배열을 잡아서 사용하므로 메모리를 배열 크기만큼 더 많이 사용하게 된다. 이 코드는 실제로는 변수 3 개를 활용하여 더 효율적으로 작성할 수 있다.

```
a = 1;
b = 1;
c = a+b;
```

위와 같이 a 와 b 변수를 1 로 초기화 해주고, c 를 두 변수의 합으로 구한다. 다음으로 b 는 a 에, c 는 b 에 넣고 해당하는 회수만큼 다시 c 를 반복하여 구하면 배열을 사용하지 않고 변수 3 개로 쉽게 구할 수 있다. 코드는 다음과 같다.

```
#include 〈iostream〉

using namespace std;

int main()
{
  int i, a, b, c, n;

  cin 〉〉 n;

  a = 1;
  b = 1;

  for (i = 3; i 〈= n; i++) {
    c = a+b;
    a = b;
    b = c;
  }

  cout 〈〈 c 〈〈 endl;

  return 0;
}
```

다음으로 재귀 호출 함수를 이용하여 피보나치 수열을 구현해보자.

## 15. 재귀 호출 함수

재귀 호출 함수는 자기 자신을 다시 호출하는 함수이다. 재귀 호출 함수는 종료되는 조건이 있어야 한다. 그렇지 않은 경우 무한 반복에 빠지게 된다. 이전의 피보나치 수열을 구하는 코드는 1부터 차례대로 n 번까지 피보나치 수열을 구하였다. 재귀 호출 함수는 n 번째 값을 바로 구해가는 점이 다르다. 예를 들어 다섯 번째 피보나치 수를 구해보자. f(5) 의 값으로 피보나치 수가 구해진다면 f(5) 는 다시 다음과 같이 표시할 수 있다.

f(5) = f(4) + f(3)

다섯 번째 피보나치 수는 네 번째 피보나치 수와 세 번째 피보나치 수로서 구할 수 있다. f(4) 와 f(3) 을 다시 풀어서 쓰면 다음과 같다.

f(5) = (f(3) + f(2)) + (f(2) + f(1))

f(2) 와 f(1) 은 1을 바로 리턴한다고 하면 다시 다음과 같이 고쳐 쓸 수 있다.

f(5) = (f(3) + 1) + (1 + 1)

여기서, 다시 f(3) 을 풀어서 쓰면

f(5) = (f(2) + f(1) + 1) + (1 + 1)

이 된다. 결국 f(2) 와 f(1) 은 1 이 되어 f(5) 를 구할 수 있게 된다.

f(5) = (1 + 1 + 1) + (1 + 1) = 5

즉, f(x) 함수를 피보나치 수를 구하는 함수라고 하면 다음과 같이 정의할 수 있다.

$$f(x) = \begin{cases} 1; & x \in \{1, 2\} \\ f(x-1) + f(x-2); & \text{others} \end{cases}$$

재귀 호출을 사용한 코드는 다음과 같다.

```cpp
#include <iostream>

using namespace std;

int fibo(int n);

int main()
{
    int n;

    cin >> n;

    cout << fibo(n) << endl;

    return 0;
}

int fibo(int n)
{
    if (n <= 2) return 1;
    else return fibo(n-1)+fibo(n-2);
}
```

문제는 재귀 호출하는 함수의 경우 동일한 수를 여러 번 구할 수 있다는 점이다. 10 번째 피보나치 수를 한번 살펴보자.

$$f(10) = f(9) + f(8)$$
$$= (f(8) + f(7)) + (f(7) + f(6))$$
$$= ((f(7) + \mathbf{f(6)}) + (\mathbf{f(6)} + f(5)) + ((\mathbf{f(6)} + f(5)) + (f(5) + f(4)))$$

세 번만 확장하더라도 f(6) 이 세 번을 똑같이 구해야 한다. f(5) 도 마찬가지다. 수가 크면 클수록 반복문을 사용할 때보다 더 느려지며, 메모리도 많이 사용하지 않는 것처럼 보인다. 그러나, 실제로는 함수가 새로 불려지면 함수 스택에 함수 정보와 로컬 정보들을 기록하므로 다시 부를 때마다 메모리를 그 만큼 더 사용하게 된다. 실제 위의 코드를 실행하여 10,000 번째 수를 구하면 시간이 굉장히 오래 걸리며, 100,000 번째 수를 구하려면 메모리가 너무 많이 사용되어, 스택 오버플로우가 발생된다.

## 16. 소수 구하기

1000 이하의 N 을 입력 받아서 N 이하의 모든 소수를 구하여라. 출력되는 소수들은 공백 하나로 구분하며 한 줄에 10 개씩 나오도록 하여라.

 **입력 예제**

```
50
```

 **출력 예제**

```
2 3 5 7 11 13 17 19 23 29
31 37 41 43 47
```

풀이

먼저 n 이 소수인지 판별하는 방법부터 알아보자.

1. 가장 단순한 방법은 1 과 자기자신으로 나누어 떨어지는 수가 소수이므로 2 부터 "자기 자신의 수-1" 까지 나누어 보아 떨어지지 않으면 소수로 판별하는 것이다. 이 방법은 구현은 쉽지만 반복 연산이 많이 사용된다. 조금 더 효율적으로 생각해보자.

2. 소수는 2 이외에는 짝수가 없으므로 2 로 나누어 떨어지지 않는다면, 3 부터 2 씩 증가하여 홀수만 나누어 볼 수 있다. 이전보다는 계산 비율이 반으로 줄어든다. 코드로 살펴보자.

```cpp
#include <iostream>

using namespace std;

int main()
{
    int n, i, j, count = 0;
    bool sosu;

    cin >> n;

    for (i = 2; i <= n; i++) {
        sosu = true;

        // 먼저 2 로 나눠 떨어지는지 검사
        if (i != 2 && i % 2 == 0) sosu = false;
        else {
```

```cpp
      // 3 부터 홀수만 나누어 떨어지는지 검사
      for (j = 3; j < i; j+=2) {
        if (i % j == 0) {
          sosu = false;
          break;
        }
      }
    }


    if (sosu) {
      // 10 칸인지 검사하여 10 칸째면 줄 바꿈
      if (count++ >= 10) {
        cout << endl;
        count = 1;

      }
      cout << i << " ";
    }
  }


  return 0;
}
```

3. 좀더 효율적으로 n 을 구성하는 방법을 살펴보자. n 이 어떠한 수의 배수가 되는 경우 n 을 구성하기 위한 짝이 되는 수가 있기 마련이다. 예를 들어, 36 은 (1. 36). (2, 18), (3, 12), (4, 9), (6, 6) 의 쌍으로 두 수를 곱하여 만들어질 수 있다. 각 쌍에서 작은 수들의 집합을 구성하면 {1, 2, 3, 4, 6} 이다. 이 작은 수들의 집합에서 가장 큰 수는 $\sqrt{n}$ 이다. 두 수를 곱해서 구성할 수 있을 때 작은 수가 가장 클 때는 n = $\sqrt{n}$ × $\sqrt{n}$ 이므로, $\sqrt{n}$ 이하의 수들로만 나누어 떨어지는지 비교하면 비교 회수를 줄일 수 있다.

2 번 방식을 같이 사용하면 $\sqrt{n}$ 이하의 2 와 홀수 들로만 비교해보면 되겠다. 코드는
다음과 같다.

```cpp
#include <iostream>
#include <cmath>

using namespace std;

int main()
{
  int n, i, j, count = 0;
  bool sosu;

  cin >> n;

  for (i = 2; i <= n; i++) {
    sosu = true;

    // 먼저 2 로 나눠 떨어지는지 검사
    if (i % 2 == 0) sosu = false;
    else {
      // 3 부터 홀수만 나누어 떨어지는지 검사
      for (j = 3; j <= (int)sqrt(i); j+=2) {
        if (i % j == 0) {
          sosu = false;
          break;
        }
      }
    }
```

```
    if (sosu) {
    // 10 칸인지 검사하여 10 칸째면 줄 바꿈
    if (count++ >= 10) {
        cout << endl;
        cout = 1;
    }
    cout << i << "" ;
    }
}


    return 0;
}
```

제곱근을 구하기 위해, 〈cmath〉 와 sqrt 함수를 사용하였다.

4. 더 효율적인 방법은 어떤 것일까? 이전에 36 을 나눈 작은 수들의 집합을 다시 살펴보자. {1, 2, 3, 4, 6} 에서 1 을 제외하고 소수의 곱으로 표현하면 {$2^1$, $3^1$, $2^2$, $2^1 \times 3^1$} 이 된다. 여기서, 소수의 1 승에 해당하는 수들로만 나누어 보면 된다. 실제로 4 나 6 은 2 나 3 으로 이전에 나누어 떨어졌다면 굳이 나누어 볼 필요가 없다. 따라서, $\sqrt{n}$ 이하의 소수들로만 나누어서 떨어지지 않으면 n 이 소수가 된다. 코드는 다음과 같다.

```
#include <iostream>
#include <cmath>

using namespace std;
```

```
int main()
{
  int n, i, j, count = 0, a[1000];
  bool sosu;

  cin >> n;

  // 먼저 2를 집어 넣는다.
  a[0] = 2;
  count = 1;
  if (n >= 2) cout << "'2" ;

  for (i = 3; i <= n; i++) {
    sosu = true;

    // 소수 배열의 값이 √n 이하인 경우 나눠 떨어지는지 검사
    for (j = 0; a[j] <= (int)sqrt(i); j++) {
      if (i % a[j] == 0) {
        sosu = false;
        break;
      }
    }

    if (sosu) {
      // 10 칸인지 검사하여 10 칸째면 줄 바꿈
      if (count % 10 == 0) {
        cout << endl;
        cout = 1;
```

```
    }

    // 소수 배열에 현재 소수를 추가해준다.
    a[count++] = i;
    cout << i << "‘ ” ”  ;
    }
  }

  return 0;
}
```

## 17. 문자열 검색하기

80 개 이하의 문자로 구성되는 원본 문자열과 찾을 문자열을 입력 받아서 문자열에서
부분 문자열을 검색하여, 그 위치를 출력하여라. 만일 찾지 못하는 경우는 "-1" 을
출력하여라.

 입력 예제

```
I am a boy.
boy
```

 출력 예제

```
8
```

**풀이**

원본 문자열에서 문자열을 검색하는 것은 한 줄씩 차례대로 비교해야 한다. 직접 하나씩 비교하면서 찾는 방법과, string 형에서 제공하는 검색 함수를 사용하는 두 가지 방식을 알아보자. 효율적으로 문자열 검색하는 KMP 방식은 추후 알고리즘 교재에서 자세히 설명하게 될 것이다. 먼저 직접 비교하는 방법을 알아보자.

| I | | a | m | | a | | b | o | y | . |
|---|---|---|---|---|---|---|---|---|---|---|
| b | o | y | | | | | | | | |

위의 경우는 첫 번째 문자부터 같지 않으므로 다음으로 넘어간다.

| I | | a | m | | a | | b | o | y | . |
|---|---|---|---|---|---|---|---|---|---|---|
| | b | o | y | | | | | | | |

다음 위치도 역시 첫 번째 문자부터 같지 않다. 계속 옮겨서 찾게 되면 다음과 같은 위치에서 모두 같게 된다.

| I | | a | m | | a | | b | o | y | . |
|---|---|---|---|---|---|---|---|---|---|---|
| | | | | | | | b | o | y | |

찾은 위치는 배열이 0 부터 시작하므로, 7 번에서 찾게 되지만 출력은 1 을 더해서 8 로 여덟 번째 위치에서 찾은 것으로 출력해야 한다. 만일 찾지 못하고 계속 검색하는 경우 어디까지 검색해야 할까? 만일 찾고자 하는 문자열이 "girl" 이라고 해보자.

| I | | a | m | | a | | b | o | y | . |
|---|---|---|---|---|---|---|---|---|---|---|
| g | i | r | l | | | | | | | |

위와 같이 시작한다.

| I | | a | m | | a | | b | o | y | . |
|---|---|---|---|---|---|---|---|---|---|---|
| | | | | | | | g | i | r | l |

마지막에 못 찾는 경우이다. 위에서 한 칸 더 나아가면 글자 개수가 적어서 비교할
필요가 없어진다. 따라서, "원본 문자열의 길이 - 찾고자 하는 문자열의 길이" 까지
검사해야 한다. 이제 직접 찾는 코드를 작성해보자.

```cpp
#include <iostream>
#include <string>

using namespace std;

int main()
{
    string a, b;
    int i, j;
    bool fnd;

    getline(cin, a);
    getline(cin, b);

    // "원본 길이 - 찾을 문자열 길이" 까지 찾는다.
    for (i = 0; i <= a.length()-b.length(); i++) {
        fnd = true;
        for (j = 0; j < b.length(); j++) {
            if (a[i+j] != b[j]) {
                fnd = false;
                break;
            }
```

```
    }

    // 찾은 경우 인덱스+1 로 출력하고 검색 중단한다.
    if (fnd) {
      cout << i+1 << endl;
      break;
    }
  }


  if (fnd == false) cout << "−1" << endl;


  return 0;
}
```

이번에는 string 형에서 제공되는 함수를 이용해보자. string 형은 int, double 들과는 달리 내부 함수를 제공한다. 유용한 함수는 조금 있다가 살펴보기로 하고, 일단 자신의 내부에 동일한 문자열을 검사하는 함수는 다음과 같다.

size_type string.find(string sub);

size_type 형은 int 형과 동일하다고 생각하면 된다. 찾으면 해당 위치를 알려주고, 그렇지 못한 경우는 −1 을 리턴한다. find 함수를 이용한 코드는 다음과 같다.

```
#include <iostream>
#include <string>

using namespace std;
```

```
int main()
{
    string a, b;
    int c;

    getline(cin, a);
    getline(cin, b);

    c = a.find(b);

    if(c != -1) cout << c+1 << endl;
    else cout << c << endl;

    return 0;
}
```

## 18. string 형의 연산

string 형은 이전의 C 표준의 널( "NULL" , "₩0" ) 문자로 끝나는 char 배열에서
여러 유용한 기능들이 확장된 것이다. string 형은 여러 함수들을 갖고 있지만 유용한
것들만 여기서 알아보기로 하자. char 배열에서는 문자열을 대입하는 것조차 쉽지
않았다. char 배열형식의 문자열 예제 코드를 살펴보자.

```
#include <iostream>
#include <cstring>

using namespace std;
```

```
int main()
{
    char str[100] = "I am a boy.", cp[100];
    int i;

    // Error 대입 불가
    str = "I am a girl";
    // 대입하는 strcpy 함수
    strcpy(str, "I am a girl");

    // 문자열 추가
    strcat(str, " and I am sixteen.");

    // 문자열 비교
    if (strcmp(str, "I am a boy.") == 0)
        cout << "같은 문자열" << endl;
    else cout << "다른 문자열" << endl;

    // "girl" 문자열만 다른 문자열에 복사
    strncpy(cp, str+7, 4);

    // 문자 하나씩 출력
    for (i = 0; i < strlen(str); i++) cout << str[i] << endl;

    return 0;
}
```

char 배열의 문자열 연산들은 모두 함수를 이용하여 표현해야 한다. 문자열 함수를 사용하기 위해서는 〈cstring〉 와 strcpy, strcat, strcmp, strlen 등의 문자열 함수를 사용해야 한다. 문자열에서 부분 문자열을 찾는 함수는 존재하지 않는다. 위의 코드는 "문자열 함수가 이런 것들이 존재하는 구나" 정도로만 익히면 되겠다. 우리는 char 배열 대신 편리한 string 형을 사용하면 되겠다. 이전의 코드를 string 형으로 고친 코드를 살펴보자.

```
#include <iostream>
#include <string>

using namespace std;

int main()
{
    string str = "I am a boy.", cp;
    int i;

    // 대입
    str = "I am a girl";

    // 문자열 추가
    str += " and I am sixteen.";

    // 문자열 비교
    if (str == "I am a boy.") cout << "같은 문자열" << endl;
    else cout << "다른 문자열" << endl;

    // "girl" 문자열만 다른 문자열에 복사
    cp = str.substr(7, 4);
```

```
    // 문자 하나씩 출력
    for (i = 0; i < str.length(); i++) cout << str[i] << endl;

    // "girl" 문자열 찾기
    cout << "girl 의 위치" << str.find( "girl" ) << endl;

    return 0;
}
```

string 형은 대입 연산자, 덧셈 연산자, 비교 연산자를 제공하며, 부분 문자열 복사,
문자열 길이, 문자열 찾기 등은 내부 함수로서 제공된다. 다른 것들은 문제 푸는데서
거의 필요하지 않는 함수이기에 설명을 생략하기로 한다. 추후, 문제를 푸는 과정에서
필요할 때마다 추가로 설명하겠다.


## 19. 문자 변환

키보드에서 숫자는 숫자 위의 문자로, 숫자 위의 특수 문자는 숫자로 변환하는
프로그램을 작성하여라. 즉, 키보드의 숫자판 "1234567890" 는 시프트 키를 누르고
숫자를 누른 특수 문자 "!@#$%^&*()" 로 서로 변환된다. 입력은 100 개 이하의 문자로
구성된 한 줄의 문자열로 입력된다. 출력은 변환된 문자열을 출력해야 한다.

 입력 예제

```
12#$56&*90
```

**출력 예제**

!@34%^78()

문자열에서 각 문자열을 찾아서 대입되는 문자로 출력하는 문제이다. 단순히, 비교되는 문자 정보를 세팅해주고 같은 위치에 있는 문자열을 출력해주는 것이다.

| 0 | 1 | 2 | 3 | 4 | 5 | 6 | 7 | 8 | 9 |
|---|---|---|---|---|---|---|---|---|---|
| 0 | 1 | 2 | 3 | 4 | 5 | 6 | 7 | 8 | 9 |
| ) | ! | @ | # | $ | % | ^ | & | * | ( |
| 10 | 11 | 12 | 13 | 14 | 15 | 16 | 17 | 18 | 19 |
| ) | ! | @ | # | $ | % | ^ | & | * | ( |
| 0 | 1 | 2 | 3 | 4 | 5 | 6 | 7 | 8 | 9 |

위 표에서 첫 번째 행과 네 번째 행은 문자열의 인덱스를 나타낸다. 두 번째 행과 다섯 번째 행은 원본 문자열의 각 문자들이고, 나머지 행들은 변환될 문자열의 각 문자들이다. 입력되는 문자열의 문자를 원본 문자열의 문자와 비교하여 동일한 위치의 변환 문자로 출력하면 된다. 코드는 다음과 같다.

```cpp
#include <iostream>
#include <string>

using namespace std;

int main()
{
    string a = "0123456789)!@#$%^&*(";
    string b = ")!@#$%^&*(0123456789";
    string str;
    int i, j;
```

```
    cin >> str;

    // 입력된 문자열의 각 문자 검사
    for (i = 0; i < str.length(); i++) {
      // 원본 문자열의 각 문자와 비교
      for (j = 0; j < a.length(); j++) {
        // 두 문자가 같은 경우
        if (str[i] == a[j]) {
          cout << b[j];
          // 나머지는 검사할 필요가 없으므로 중단
          break;
        }
      }
    }
    cout << endl;

    return 0;
}
```

코드를 살펴보면, 원본 문자열의 문자인 a[j] 와 입력된 문자열의 각 문자 str[i] 가 같은
경우 변환 문자열의 문자 b[j] 로 출력하였다.

## 20. 문자열 합계

소문자 'a' = 1, 'b' = 2, 'c' = 3, …, 'z' = 26 으로 숫자를 할당하고, 대문자 'A' = 52, 'B'
= 51, 'C' = 50, …, 'Z' = 27 로 숫자를 할당한다. 알파벳 대소문자로 구성된 문자열이
입력되면, 숫자로 변환한 값을 더한 합계를 출력하여라.

**입력 예제**

Donkingkong

**출력 예제**

166

# 메모장

풀이

먼저 islower 나 isupper 를 사용하여 대문자인지 소문자인지 판별하고, 이전에 설명했던 문자를 숫자로 변환하는 방법을 응용해야 한다. 문자를 숫자로 변환했던 식이 다음과 같다.

문자 - 'a'
문자 - 'A'

위의 식은 소문자 'a' 가 0, 'b' 가 1 등으로 변환되며, 대문자 'A' 가 0. 'B' 가 1 로 변환된다. 문제에서는 소문자는 1 부터 커지는 값으로, 대문자는 52 부터 거꾸로 작아지는 값을 가져야 한다. 따라서 식을 변환하면 다음과 같아진다.

1 + 문자 - 'a'
52 - (문자 - 'A' )

이런 과정을 사용한 코드는 다음과 같다.

```
#include <iostream>
#include <string>
#include <cctype>

using namespace std;

int main()
{
    string str;
    int sum = 0, i;
```

```
    cin >> str;

    for (i = 0; i < str.length(); i++) {
        // 소문자인지 판별
        if (islower(str[i])) sum += 1 + str[i] -  'a'  ;
        else sum += 52  - (str[i]      'A' );
    }

    cout << sum << endl;

    return 0;
}
```

## 21. 최대 공약수와 최소 공배수

두 정수를 입력 받아서, 최대 공약수와 최소 공배수를 한 줄에 하나씩 출력하여라.

 입력 예제

```
36 24
```

 출력 예제

```
12
72
```

**풀이**

최대 공약수는 유클리드 호제법을 사용해서 구해야 한다. 기본적인 유클리드 호제법을 알아보자.

1. 큰 수를 앞에 작은 수를 뒤에 쓴다.
2. 큰 수에서 작은 수를 뺀다.
3. 뺀 수가 0 이 아니라면, 작은 수와 뺀 수 중 큰 수를 앞에, 작은 수를 뒤에 쓰고 2 로 간다. 만일 뺀 수가 0 이라면 이때 작은 수가 최대 공약수가 된다.

입력 예제의 데이터를 통해서 알아보자.

36 - 24 = 12
24 - **12** = 0

이와 같은 방법으로 최대 공약수를 구할 수 있다. 위와 같이 간단하게 구해지는 경우는 반복이 별로 이루어지지 않지만, 37 과 4 의 경우를 살펴보자.

37 - 4 = 33
33 - 4 = 29
29 - 4 = 25
25 - 4 = 21
21 - 4 = 17
17 - 4 = 13
13 - 4 = 9
9 - 4 = 5
5 - 4 = 1
4 - 1 = 3
3 - 1 = 2

$2 - 1 = 1$

$1 - 1 = 0$

위의 경우는 같은 수를 빼는 연산이 계속 반복된다. 이러한 과정을 개선하는 방법은 뺄셈대신 나머지 연산을 사용하는 것이다. 즉, 37 은 4*9+1 이므로 4 를 빼는 연산이 9 번 필요하나, 나머지 연산을 사용하면 한 번으로 줄어들게 된다.

$37 \% 4 = 1$

$4 \% 1 = 0$

따라서, 뺄셈대신 나머지 연산으로 최대 공약수를 빠르게 구할 수 있다. 최소 공배수는 어떻게 구할까? 두 수를 알고, 최대 공약수를 안다면 최소 공배수는 바로 구할 수 있다. 두 수를 A, B 로 놓고, 최대 공약수를 G, 최소 공배수를 L 로 하면 다음 식이 성립한다.

$A \times B = L \times G$

따라서, L 은 다음이 성립된다.

$$L = \frac{A \times B}{G}$$

개선된 유클리드 호제법을 이용한 코드는 다음과 같다.

```
#include <iostream>

using namespace std;

int main()
{
  int a, b, l, g;
```

```
cin >> a >> b;

// 뒤의 수가 큰 경우 두 수를 교환한다.
if (a < b) {
  g = a;
  a = b;
  b = g;
}

// 두 수의 곱을 미리 구해둔다.
l = a*b;

// 처음부터 나누어 떨어지는 경우 작은 수가 최대 공약수
g = b;

while (a%b != 0) {
  g = a%b;
  a = b;
  b = g;
}

cout << g << endl << l/g << endl;

return 0;
```

처음 두 수의 곱을 l 에 넣어주는 것은 a 와 b 의 값이 처리 중에 계속 변경되기 때문이다.

## 22. 최대 수 구하기

입력된 수들에서 제일 많이 입력된 수를 출력하여라. N 이 먼저 한 줄 입력되고, 다음 줄에 N 개의 정수가 입력된다. N 은 1 ~ 50 사이의 범위를 갖는다. 최대 개수를 갖는 숫자가 하나이면 그 수를 출력하고, 2 개 이상이면 -1 을 출력하여라.

 **입력 예제**

```
10
0 1 1 2 3 4 5 6 7 8
```

 **출력 예제**

```
1
```

풀이

입력되는 수들의 카운트를 먼저 구해야 하고, 그 카운트의 최대값을 구해야 한다. 단순히 최대값 하나만 구한다면 max_element 를 사용할 수 있겠지만, 2 개 이상인 경우 −1 을 출력해야 하므로 직접 구해야 한다. 물론, 최대값을 구하고 그 위치의 값을 0 으로 바꾼 뒤에 다시 구한 최대값이 동일한 값이라면 −1 을 출력해도 된다. 두 가지를 다 구현해보자. 먼저 직접 구하는 코드는 다음과 같다.

```cpp
#include <iostream>

using namespace std;

int main()
{
  int count[51] = {0,}, n, x, max, i;
  bool same;

  cin >> n;

  // N 개의 데이터 입력
  for (i = 0; i < n; i++) {
    cin >> x;
    count[x]++;
  }

  max = 0;
  for (i = 1; i <= 50; i++) {
    if (max < count[i]) {
      max = count[i];
```

```
        same = false;
    }
    // 현재 최대값과 같은 경우, 즉 최대값이 2 개 이상인 경우
    else if (max == count[i]) same = true;
}

// 최대값이 2 개 이상인 경우
if (same) cout << "-1" << endl;
else cout << max << endl;

return 0;
}
```

다음은 max_element 함수를 이용하여 최대값을 먼저 구한 후, 그 값을 0 으로 바꾸고 다시 구하여 비교하는 코드를 살펴보자. 실제로 max_element 를 사용하는 코드는 최대값을 두 번 구하므로 첫 번째 코드보다는 느리다.

```
#include <iostream>
#include <algorithm>

using namespace std;

int main()
{
  int count[51] = {0,}, *max, mx, n, x;
  bool same;

  cin >> n;
```

```
// N 개의 데이터 입력
for (i = 0; i < n; i++) {
  cin >> x;
  count[x]++;
}

// 한번 최대값을 구한다.
max = max_element(count, count+51);
mx = *max;

// 그 최대값을 0 으로 바꾸고 다시 구한다.
*max = 0;

max = max_element(count, count+51);

// 이전 최대값과 같은 경우, 즉, 같은 최대값이 2 개 이상인 경우
if (*max == mx) cout << "-1" << endl;
else cout << mx << endl;

return 0;
}
```

## 23. 윤년 구하기

2 월에 29 일이 있는 년도를 윤년이라고 한다. 윤년의 판단 방법은 다음과 같다.

1) 일반 년도는 평년이다.

2) 4 로 나누어 떨어지면 윤년이다.

3) 4 로 나누어 떨어지지만, 100 으로 나누어 떨어지면 평년이다.

4) 100 으로 나누어 떨어지지만, 400 으로 나누어 떨어지면 윤년이다.


년도를 입력받아서, 윤년인지 평년인지를 알아내어라.

 **입력 예제**

```
1988
```

 **출력 예제**

```
윤년
```

풀이

먼저 400 으로 나누어 떨어지는지 검사하고, 다음으로는 100 으로 나누어 떨어지는지 검사하며 마지막으로 4 로 나누어 떨어지는지 검사해야 한다. 큰 수에서부터 작은 수로 단계별로 비교하면서 각 조건에 따라 윤년인지 평년인지를 출력해야 한다. 중첩 if 문을 통해서 구현하면 간단하다.

```cpp
#include <iostream>

using namespace std;

int main()
{
    int n;

    cin >> n;

    // N 개의 데이터 입력
    if (n % 400 == 0) cout << "윤년" << endl;
    else if (n % 100 == 0) cout << "평년" <<endl;
    else if (n % 4 == 0) cout << "윤년" << endl;
    else cout << "평년" << endl;

    return 0;
}
```

## 24. 2진법 변환하기

10진수를 입력 받아서 2진수로 변환하여 출력하여라.

 **입력 예제**

```
17
```

 **출력 예제**

```
10001
```

풀이

먼저 십진수를 이진수로 변환하는 기본적인 방법부터 살펴보자. 예제의 17 을 이진수로 변환해보자.

```
2 )  17
------
2 )  8  ··· 1
------
2 )  4  ··· 0
------
2 )  2  ··· 0
------
     1  ··· 0
```

밑에서 위로 다시 써주게 되면 10001(2) 가 된다. 나머지를 배열에 차례대로 저장해주고 원래의 값을 몫으로 변환해주면서 구할 수 있다. 마지막으로 1 이 될 때까지 반복한 뒤 거꾸로 출력하면 된다. 코드는 다음과 같다.

```cpp
#include <iostream>

using namespace std;

int main()
{
  int n, jin[100], cnt = 0, i;

  cin >> n;
```

```
while (n > 2) {
  jin[cnt++] = n%2;
  n /= 2;
}
jin[cnt++] = 1;

// 거꾸로 출력
for (i = cnt-1; i >= 0; i++) cout << jin[i];
cout << endl;

return 0;
}
```

## 25. 2 진수 덧셈

2 개의 2 진수를 입력받아 더한 뒤 결과를 이진수로 출력하여라.

 **입력 예제**

```
1100
1010
```

 **출력 예제**

```
10110
```

**풀이**

이진수의 덧셈은 십진수의 덧셈과 같이 자리수가 십을 넘어가는 경우 윗 자리로 올림이 발생되어야 한다. 아래 예를 살펴보자.

```
    735
+   236
 ─────
    971
```

의 자리에서 5 와 6 을 더한 결과가 11 이 되어 10 을 넘게 되어 윗 자리로 올림이 발생된다. 이진수 에서는 결과가 2 이상이 되면 윗 자리로 올림이 발생된다. 입력 예제를 통해서 살펴보자.

```
    1100
+   1010
 ───────
   10110
```

첫 번째 자리에서 더한 결과가 2 가 되어 2 이상이 된다. 따라서, 윗 자리로 올림이 발생한다. 코드에서도 결과가 2 이상이 되면 2 로 나눈 나머지를 현재 결과에 저장하고, 2 로 나눈 몫은 다음 윗 자리에 더해주도록 한다. 이 문제는 문자열로 처리하면 되지만, 자리수가 다른 경우에는 첫 번째 자리부터 처리할 수 없다. 다음 예를 보자.

```
   10100
+    101
 ───────
   11001
```

위의 경우는 다섯 자리의 이진수와 세 자리의 이진수를 더해야 한다. 문자열로 처리하는 경우 첫 번째 문자를 더하면 위의 경우 다섯 자리의 이진수의 첫 번째 수 1과 세 자리의 이진수의 첫 번째 수 1이 더해져서 엉뚱한 결과를 얻게 된다. 따라서, 일단은 문자열 수를 뒤에서부터 더해서 처리하도록 한다. 그리고, 마지막으로 결과를 거꾸로 출력하면 되겠다. 즉, 위의 수는 다음과 같은 처리 과정을 거친다.

00101
101

일단 거꾸로 더해준다. 그래서, 2가 넘어가면 뒷 자리로 값이 전달되면서 더해진다.

```
  00101
+ 101
-------
  10011
```

결과를 다시 거꾸로 출력해주면 원하는 덧셈 결과를 얻을 수 있다. 코드는 다음과 같다.

```cpp
#include <iostream>
#include <string>

using namespace std;

int main()
{
    string a, b;
    int sum[100], cnt = 0, i, j, c = 0;

    cin >> a >> b;
```

```cpp
// 문자열의 마지막 수부터 처리하도록 한다.
i = a.length()-1;
j = b.length()-1;

while (c > 0 || i >= 0 || j >= 0) {
  // 첫 번째 수까지 거꾸로 더해준다.
  // 아직 수가 남아 있다면 더한다.
  if (i >= 0) {
    // 첫 번째 수를 문자에서 숫자로 변환해 더한다.
    c += a[i]- '0' ;
    i--;
  }
  // 두 번째 수도 마찬가지로 처리한다.
  if (j >= 0) {
    // 두 번째 수를 문자에서 숫자로 변환해 더한다.
    c += b[j]- '0' ;
    j--;
  }

  // 결과를 2 로 나눈 나머지만 저장한다.
  sum[cnt++] = c % 2;
  // c 를 2 로 나눈 몫으로 바꿈으로서 다음 자리에 더해지게 된다.
  c /= 2;
}

// 거꾸로 출력
for (i = cnt-1; i >= 0; i++) cout << sum[i];
cout << endl;
```

```
    return 0;
}
```

## 26. 동전 앞면

동전을 n 개 던져서, 앞면이 k 개 나오는 모든 경우를 출력하여라. 예를 들어 동전 4
개를 던져서, 앞면이 2 개가 나오는 경우는 다음과 같다.

뒤뒤앞앞
뒤앞뒤앞
뒤앞앞뒤
앞뒤뒤앞
앞뒤앞뒤
앞앞뒤뒤

동전의 개수 n 과 앞면의 개수 k 개 한 줄로 입력된다. n 은 최대 20 까지 입력된다.
물론, k 는 n 이하의 정수이다. 앞면이면 "앞"을, 뒷면이면 "뒤"를 출력하도록 한다.
출력 순서는 뒷면이 더 앞에 나온 결과부터 출력되도록 한다. 각 경우를 한줄에 하나씩
출력하도록 한다. 마지막 줄에 경우의 총 개수를 출력하도록 한다.

 **입력 예제**

```
4 2
```

 **출력 예제**

뒤뒤앞앞
뒤앞뒤앞
뒤앞앞뒤
앞뒤뒤앞
앞뒤앞뒤
앞앞뒤뒤
6

# 메모장

**풀이**

이 문제는 모든 경우를 다 처리하면서 조건에 맞는 경우를 출력해야 한다. 알고리즘 편에서 배울 백트래킹이라는 방법을 사용하여 풀 수도 있지만, 더 간단히 해결할 수 있다. 이진수를 활용하여 자리 수만큼 0으로 초기화한 다음 1씩 증가시켜가는 것이다. 이때, 0은 뒷면을 나타내고, 1은 앞면을 나타내면 모든 경우를 표현할 수 있다. 1의 개수가 원하는 개수가 될 때 출력해주고 수를 세주면 되겠다. 즉, 0부터 4자리 이진수를 차례대로 표현하면 다음과 같다.

0000 → 뒤뒤뒤뒤
0001 → 뒤뒤뒤앞
0010 → 뒤뒤앞뒤
0011 → 뒤뒤**앞앞**
0100 → 뒤앞뒤뒤
0101 → 뒤**앞**뒤**앞**
0110 → 뒤**앞앞**뒤
0111 → 뒤앞앞앞
1000 → 앞뒤뒤뒤
1001 → **앞**뒤뒤**앞**
1010 → **앞**뒤**앞**뒤
1011 → 앞뒤앞앞
1100 → **앞앞**뒤뒤
1101 → 앞앞뒤앞
1110 → 앞앞앞뒤
1111 → 앞앞앞앞

배열을 사용하여 1씩 증가시켜가며, 현재 자리가 2를 넘어가면 다음 자리에 1을 더해주어야 한다. 예를 들어, 0부터 1씩 증가시켜보자.

0000 → 0001 → 000**2** → 0010

위와 같이 마지막 자리에서 2 가 되면, 윗 자리를 1 증가시켜야 한다. 숫자 내부의 1 의 개수가 k 개 인 것은 쉽게 구할 수 있을 것이다. 실제 코드를 살펴보자.

```cpp
#include <iostream>
#include <string>

using namespace std;

int main()
{
  int n, k, i, cnt, a[100] = {0,}, total = 0;

  cin >> n >> k;

  // 만일 앞면이 0 개 인 경우는 예외 처리로 단순히 출력
  if (k == 0) {
    for (i = 0; i < n; i++) cout << "뒤" ;
    cout << endl;
    cout << 1 << endl;
  }
  // 앞면이 동전 개수와 같다면 예외 처리로 출력
  else if (k == n) {
    for (i = 0; i < n; i++) cout << "앞" ;
    cout << endl;
    cout << 1 << endl;
  }
  else {
    while (1) {
      // 1 증가 시키기, 마지막 자리부터 시작
```

```
    i = n-1;
  while (i >= 0) {
   a[i]++;
    // 2가 되어 올림이 발생한 경우
   if (a[i] == 2) {
     a[i] = 0;
     i--;
   }
    // 현재 자리가 제대로 1이 되었으면 빠져 나간다.
   else break;
  }


  // 모두다 처리하고 첫 자리에서 올림이 발생한 경우 멈춘다.
  if (i == -1) break;

  // 1의 개수 세기
  cnt = 0;
  for (i = 0; i < n; i++) {
   if (a[i] == 1) cnt++;
  }

  // 1의 개수가 k개인 경우 출력하고 개수 증가
  if (cnt == k) {
   for(i = 0; i < n; i++) {
     if (a[i] == 1) cout << "앞" ;
     else cout << "뒤" ;
   }
   cout << endl;
   total++;
```

```
        }
      }
    }

    cout << total << endl;

    return 0;
}
```

예외 처리를 하는 이유는 코드는 늘어나지만 필요없는 연산을 줄이기 위한 것이다.


## 27. 파스칼 삼각형

파스칼 삼각형은 다음과 같다.

1
1 1
1 2 1
1 3 3 1
1 4 6 4 1
...

위와 같이 무수히 많은 수열이 계속 생성된다. 생성 규칙은 제일 앞의 수와 제일 뒤의 수는 모두 1 이다. 중간의 수는 위와 같이 상위 두 수의 합으로 구해진다. 30 이하의 n 이 주어지면, 파스칼 삼각형에서 n 열의 수열을 출력하여라. 위의 파스칼 삼각형의 첫 번째 행은 1 행이다.

입력 예제

10

 출력 예제

1 9 36 84 126 126 84 36 9 1

# 메모장

풀이

배열에 넣어서 차례대로 구하는 방법과 파스칼 삼각형의 특성을 이용해서 바로 n 번째 줄을 구하는 방법이 있다. 먼저 배열을 이용하는 것은 1 차원 배열 2 개로 구현 가능하다.

1
1 1
1 2 1
1 3 3 1

처음과 마지막이 아닌 값은 바로 위의 값과 바로 위의 값 앞의 값이 더해진다. 위의 예에서 네 번째 행의 두 번째 값 3 은 바로 위의 값 2 와 바로 위의 값 앞의 값인 1 이 더해져서 구해진 값이다. 예를 들어 현재 배열에 세 번째 행의 값이 들어 있다고 해보자.

| 1 | 2 | 1 | | | | | | | | |
|---|---|---|---|---|---|---|---|---|---|---|

| 1 | 3 | 3 | 1 | | | | | | | |
|---|---|---|---|---|---|---|---|---|---|---|

위의 배열에서 아래 배열을 만들어낼 수 있다. 물론, 2 차원 배열을 활용하여 구현할 수도 있지만, 아래 배열을 다시 위 배열로 복사하고 다음 행의 값을 구할 수 있다. 위의 예에서 아래 값을 위 배열에 복사하여 구하면 다음과 같다.

| 1 | 3 | 3 | 1 | | | | | | | |
|---|---|---|---|---|---|---|---|---|---|---|

| 1 | 4 | 5 | 4 | 1 | | | | | | |
|---|---|---|---|---|---|---|---|---|---|---|

복사하고 구하는 것을 계속 반복하여 구하고자 하는 행까지 구해낼 수 있다. 이렇게 구현된 코드는 다음과 같다.

```cpp
#include <iostream>
#include <algorithm>

using namespace std;

int main()
{
  int n, i, j, a[31] = {1,1,}, b[31] = {0,};

  cin >> n;

  // 2 행 이하인 경우 1 을 개수만큼 출력하는 예외 처리를 한다.
  if (n < 3) {
    for (i = 0; i < n; i++) cout << "1" ;
    cout << endl;
  }
  else {
    for (i = 2; i < n; i++) {
      // 제일 처음과 마지막 값은 1 로 넣어준다.
      b[0] = b[i] = 1;
      for (j = 1; j < i; j++) b[j] = a[j-1]+a[j];

      // 배열을 복사한다.
      copy(b, b+i, a);
    }

    for (i = 0; i < n; i++) cout << a[i] << " " ;
    cout << endl;
  }
}
```

```
    return 0;
}
```

역시 속도를 위해서 2 이하의 경우는 단순히 출력하였다. 배열의 내용을 복사하는 함수로 copy 를 사용하였다. 사용 방법은 이 문제 설명을 마치고 다시 한번 설명하겠다.

이번에는 배열을 사용하지만 1차원 배열 하나로 구현하는 방법을 알아보자. 윗 배열을 이용하여 아래 배열과 같이 세팅할 수 있을까? 앞에서부터 처음 부분을 빼고 더해서 넣으면 어떻게 다음과 같이 변경된다.

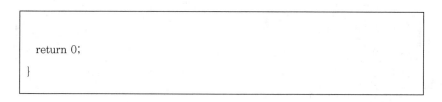

위와 같이 변경되어 버린다. 위 배열을 a 라고 하면 처음 a[1] = a[0]+a[1] 이 되어 이전의 값 1과 2 가 더해져서, a[1] 은 3 으로 바뀐다. 다음 위치의 a[2] = a[1]+a[2] 를 계산할 때는 이미 바꾸어버린 a[1] 의 값이 더해지므로 3+1 이 되어 4 가 되어버린다. 그리고, 마지막 값에 1 을 세팅해 넣으면 우리가 원하는 값이 아닌 다른 값이 된다. 해결책은 뒤에서부터 더해서 넣는 것이다.

| 1 | 2 | 1 |   |   |   |   |   |   |   |
|---|---|---|---|---|---|---|---|---|---|

| 1 | 3 | 3 | 1 |   |   |   |   |   |   |
|---|---|---|---|---|---|---|---|---|---|

a[2] 의 값부터 계산하면 a[1]+a[2] 이 2+1 로 계산되어 3 으로 변경된다. 다시 a[2] 를 계산하면 a[0]+a[1] 이 1+2 가 되어 3 으로 변경된다. 마지막 값을 1 로 세팅하면 원하는 값이 계산된다. 배열 하나를 이용하는 코드는 다음과 같다.

```cpp
#include <iostream>

using namespace std;

int main()
{
  int n, i, j, a[31] = {1,1,};

  cin >> n;

  // 2 행 이하인 경우 1 을 개수만큼 출력하는 예외 처리를 한다.
  if (n < 3) {
    for (i = 0; i < n; i++) cout << "1" ;
    cout << endl;
  }
  else {
    for (i = 2; i < n; i++) {
      // 뒤에서부터 계산한다.
      for (j = i-1; j >= 0; j--) a[j] = a[j-1]+a[j];

      // 마지막 값을 1 로 세팅한다.
      a[i] = 1;
    }

    for (i = 0; i < n; i++) cout << a[i] << " " ;
    cout << endl;
  }

  return 0;
```

```
    }
```

마지막으로 파스칼 삼각형의 특성을 이용해보자. 수열을 조합식으로 변환하면 다음과 같다.

$_0C_0$

$_1C_0$ $_1C_1$

$_2C_0$ $_2C_1$ $_2C_2$

$_3C_0$ $_3C_1$ $_3C_2$ $_3C_3$

...

즉, $_nC_r$ 을 통해서 구할 수 있다. n 번째 행의 값은 $_nC_0$ $_nC_1$ $\cdots$ $_nC_{n-1}$ $_nC_n$ 으로 구할 수 있다. $_nC_r$ 은 다음과 같이 구한다.

$$_nC_r = \frac{n!}{(n-r)!r!}$$

이렇게 조합을 이용하여 구하는 방법은 곱셈이 많이 사용되어 실제로 구현하면 속도가 현저히 느려진다. C++ 에서는 덧셈이나 뺄셈보다 곱셈과 나눗셈 연산이 엄청나게 느리다. 따라서, 이 코드는 실제로 n 행을 바로 구할 수 있다는 장점은 있지만, 속도가 느려지므로 이전에 설명한 방식으로 구현하는 것을 추천한다.


## 28. 복사하는 copy

배열간의 복사는 〈algorithm〉 에서 제공하는 copy 함수를 이용하여 복사할 수 있다. copy 사용법은 다음과 같다.

copy(시작 위치, 마지막 다음 위치, 복사될 배열 첫 번째 위치);

예제 코드를 살펴보자.

```cpp
#include <iostream>
#include <algorithm>

using namespace std;

int main()
{
  int i, a[10], b[10];

  for (i = 0; i < 10; i++) a[i] = i;

  // a 배열의 모든 값을 b 배열에 복사
  copy(a, a+10, b);

  for (i = 0; i < 10; i++) cout << b[i] << " " ;
  cout << endl;

  // a 배열의 앞부분의 원소 다섯 개를 뒷 부분에 복사
  copy(a, a+5, a+5);

  for (i = 0; i < 10; i++) cout << a[i] << " " ;
  cout << endl;

  return 0;
}
```

위 코드에서 두 번째 copy 와 같이 자신의 배열의 원소도 해당 위치로 복사할 수 있다.

## 29. 1차원 오목

일렬로 입력되는 문자열에서 '1' 은 검은 돌, '0' 은 흰돌을 나타낸다. '.' 은 빈 곳을 나타낸다. 입력은 '0', '1', '.' 으로 구성된 한 줄의 문자열이 입력된다. 문자열은 100 자 이내로 구성된다. 5 개가 연속적으로 놓인 경우 이긴 것이 된다. '0' 이 이기면 "0 win", '1' 이 이기면 "1 win", 이긴 사람이 없으면 "no win" 을 출력하도록 한다. 비기는 경우는 없으며, 무조건 한 쪽이 이기거나, 이기는 사람이 없는 경우만 존재한다.

 **입력 예제**

```
0..10001111...000111110..
```

 **출력 예제**

```
1 win
```

# 메모장

풀이

이 문제는 단순히 배열에 저장된 값이 연속된 개수를 구해서, 그 길이가 5 가 되면 이긴 것으로 체크해야 한다. 입력 예제를 배열 형식으로 표시하면 다음과 같다.

| 0 | . | . | 1 | 0 | 0 | 0 | 1 | 1 | 1 | 1 | . | . | . | 0 | 0 | 0 | 1 | 1 | 1 | 1 | 1 | 0 | . | . |
|---|---|---|---|---|---|---|---|---|---|---|---|---|---|---|---|---|---|---|---|---|---|---|---|---|

즉, 연속된 개수를 체크해야 한다. 앞의 문자와 동일한 문자가 나오면 길이를 증가시키고, '.' 이 아닌 다른 문자가 나오면 다시 길이를 1 부터 체크해야 한다.

| 0 | . | . | 1 | 0 | 0 | 0 | 1 | 1 | 1 | 1 | . | . | . | 0 | 0 | 0 | 1 | 1 | 1 | 1 | 1 | 0 | . | . |
|---|---|---|---|---|---|---|---|---|---|---|---|---|---|---|---|---|---|---|---|---|---|---|---|---|
| 1 | 0 | 0 | 1 | 1 | 2 | 3 | 1 | 2 | 3 | 4 | 0 | 0 | 0 | 1 | 2 | 3 | 1 | 2 | 3 | 4 | 5 | 1 | 0 | 0 |

아래에 표시한 값들이 길이가 된다. 이때 길이가 5 가 될 때가 이기는 경우이다. 코드는 다음과 같다.

```
#include <iostream>
#include <string>

using namespace std;

int main()
{
    int i, count = 0;
    string a;
    char x;
    bool one = false, zero = false;

    cin >> a;
```

```
// 첫 번째 문자만 먼저 카운트를 센다.
if (a[0] !=  '.'  ) count++;

for (i = 1; i < a.length(); i++) {
  if (a[i] ==  '.'  ) {
    //  '.'  문자로 바뀌었을 때 이전 길이가 5 라면
    //  누가 이겼는지 판별
    if (count == 5) {
      // 1 이 이겼으면 one, 0 이 이겼으면 zero 를 true 로 변경.
      if (x ==  '1'  ) one = true;
      else zero = true;
    }
    count = 0;
  }
  // 이전 문자와 같으면 길이 증가
  else if (a[i] == a[i-1]) {
    count++;
    x = a[i];
  }
  else {
    // 이전과 다른 문자가 나온 경우, 이전의 길이가 역시 5 라면
    // 누가 이겼는지 판별해준다.
    if (count == 5) {
      if (x ==  '1'  ) one = true;
      else zero = true;
    }
    count = 1;
  }
}
```

```
if (one == true) cout << "1 win" << endl;
else if (zero == true) cout << "0 win" << endl;
else cout << "no win" << endl;


return 0;
}
```

이겼는지 판별하는 것은 문자가 바뀌었을 때, 이전 길이가 5 인지를 검사해야 한다.


## 30. 1 차원 바둑

일렬로 입력되는 문자열에서 '1' 은 검은 돌, '0' 은 흰돌을 나타낸다. '.' 은 빈 곳을
나타낸다.

1) 따먹히는 경우는 양쪽에 모두 다른 돌이 있어야 한다.
2) 자신의 돌이 양쪽의 다른 돌로 모두 갖히는 경우, 예) 01110 : 1 의 양쪽에 0 이 가로
막혀서 따먹힌 것이다.
3) 모두 갖혔을 때, 내부에 공백이 한 곳이고, 공백 개수가 3 개 이하인 경우, 예)
01..10, 01.10, 01...10 : 1 의 양쪽이 0 으로 막히고 내부 공백이 3 개 이하이다.

01.1.10 는 내부 공백이 두 곳이므로 따먹히지 않는다. 입력은 '0', '1', '.' 으로 구성된 한
줄의 문자열이 입력된다. 문자열은 100 자 이내로 구성된다.

0 : x
1 : y

출력은 위와 같은 형식으로 0 이 따먹은 돌의 개수와, 1 이 따먹은 돌의 개수를 각각 출력하여라. 예를 들어, 01110 인 경우 1 이 3 개 따먹혔고, 0 은 3 개를 따먹었으므로 0 : 3 이 된다.

 **입력 예제**

```
0..10001111...00011..1110..
```

 **출력 예제**

```
0 : 5
1 : 3
```

**풀이**

이전 문제인 1 차원 오목과 비슷한 문제이다. 이번에는 같은 문자 사이에 있는 다른 돌의 개수를 세어야 한다. 또한, 게임 규칙에 따라 내부에 공백 개수 처리도 따로 해야 한다. 흰 돌과 검은 돌에 대해서 따로 처리해주어야 한다. 배열로 표시하여 먼저 흰 돌의 경우부터 살펴보자.

| 0 | . | . | **1** | 0 | 0 | 0 | 1 | 1 | 1 | 1 | . | . | . | 0 | 0 | 0 | **1** | **1** | . | . | 1 | 1 | 1 | 0 | . | . |
|---|---|---|---|---|---|---|---|---|---|---|---|---|---|---|---|---|---|---|---|---|---|---|---|---|---|---|

이전의 흰 돌과 현재의 흰 돌을 기준으로 볼 때 앞 뒤에 일단 검은 돌이 있어야 한다. 위의 경우 굵게 표시된 부분은 일단 이전의 흰 돌([16] 번 위치) 다음에 검은 돌이 있으며, 현재의 흰 돌([24] 번 위치) 앞에 검은 돌이 있다. 이제 이들 사이에 공백이 한 부분이고 3 개 이하 인지를 검사해야 한다.

위의 경우는 공백이 한 부분이고, 2 개로 구성이 되므로 따먹히는 규칙에 해당한다. 따라서, 검은 돌의 개수를 0 이 따먹는 개수에 더해주어야 한다. 검은 돌의 경우도 마찬가지로 동일한 방식으로 실행된다. 코드를 살펴보자.

```
#include <iostream>
#include <string>

using namespace std;

int main()
{
  int i, j, count, space, total;
  string a;
  int white = 0, black = 0, pre = -1;
```

```cpp
cin >> a;

// 흰 돌부터 처리한다.
for (i = 0; i < a.length(); i++) {
  if (a[i] ==  '0' ) {
    // 이전에 흰 돌이 있는 경우
    if (pre != -1) {
      // 이전의 흰 돌의 뒤와 현재의 흰 돌 앞에 검은 돌
      // 있는지 검사
      if (a[pre+1] ==  '1'  && a[i-1] ==  '1' ) {
        // 공백 부분 개수 검사
        count = space = total = 0;
        for (j = pre+1; j < i; j++) {
          // 검은 돌 개수 세기
          if (a[j] ==  '1' ) total++;

          // 연속된 공백 개수 세기
          if (a[j-1] ==  ' '  && a[j] ==  ' ' ) count++;

          // 공백이 몇 부분인지 세기
          if (a[j-1] !=  ' '  && a[j] ==  ' ' ) space++;
        }

        // 공백이 없거나, 한 부분이며 개수가 3 이하인 경우
        // 흰 돌이 따먹은 개수에 더해준다.
        if (space == 0 || (space == 1 && count <= 3))
          white += total;
      }
    }
  }
}
```

```
      pre = i;
    }
  }


  // 검은 돌도 마찬가지로 처리한다.
  pre = -1;
  for (i = 0; i < a.length(); i++) {
    if (a[i] ==  '1'  ) {
      if (pre != -1) {
        if (a[pre+1] ==  '0'  && a[i-1] ==  '0'  ) {
          count = space = total = 0;
          for (j = pre+1; j < i; j++) {
            if (a[j] ==  '0'  ) total++;
            if (a[j-1] ==  '.'  && a[j] ==  '.'  ) count++;
            if (a[j-1] !=  '.'  && a[j] ==  '.'  ) space++;
          }


          if (space == 0 || (space == 1 && count <= 3))
            black += total;
        }
      }
      pre = i;
    }
  }


  cout <<  "0 : "  << white << endl;
  cout <<  "1 : "  << black << endl;


  return 0;
```

```
}
```

## 31. 1 차원 단지

100 자 이내의 '0' 과 '1' 로 구성되는 문자열이 입력된다. 1 이 하나 이상 연속된 곳이 단지를 나타낸다. 여기서 단지란 아파트 단지처럼 모여있는 집단을 단지라고 한다. 단지에 속하는 1 의 개수를 센 뒤, 정렬하여 출력하여라.

 **입력 예제**

```
00100111100110011110
```

 **출력 예제**

```
1 2 4 4
```

**풀이**

1 이 연속으로 이루어진 개수를 세는 문제이다. 데이터는 '0' 과 '1' 로만 구성되므로, 1 이 새롭게 나타난 지점부터 연속으로 개수를 세는 문제이다. 데이터 정렬은 〈algorithm〉 의 sort 함수를 이용하면 간단히 구현할 수 있다. 코드는 다음과 같다.

```cpp
#include <iostream>
#include <string>
#include <algorithm>

using namespace std;

int main()
{
  int i, j, a[100], count = 0, n = 0;
  string str;

  cin >> str;

  for (i = 0; i < str.length(); i++) {
    if (str[i] == '0') {
      // '0' 이 나온 경우 '1' 의 연속된 개수를
      // 배열에 저장한다.
      if (count > 0) a[n++] = count;
      count = 0;
    }
    // '0' 이 나오면 개수를 0 으로 초기화 하기 때문에,
    // '1' 인 경우는 무조건 개수 증가
```

```cpp
    else count++;
}


// 마지막에 '1'로 끝난 경우 마지막 단지는 추가되지
// 못했으므로, 마지막 개수도 배열에 넣어준다.
if (count > 0) a[n++] = count;


// 정렬
sort(a, a+n);


for (i = 0; i < n; i++) count << a[i] << " " ;
cout << endl;


return 0;
}
```